如何化解内心的
焦虑

［美］卡伦·霍妮◎著
美玉◎译

中国致公出版社 · 北京

图书在版编目（CIP）数据

如何化解内心的焦虑 /（美）卡伦·霍妮著；美玉译 . -- 北京：中国致公出版社，2018 （2024.4重印）

ISBN 978-7-5145-1256-4

Ⅰ . ①如… Ⅱ . ①卡… ②美… Ⅲ . ①焦虑 – 心理调节 Ⅳ . ① B842.6

中国版本图书馆 CIP 数据核字（2018）第 093417 号

如何化解内心的焦虑 /（美）卡伦·霍妮 著 美玉 译

RUHE HUAJIE NEIXIN DE JIAOLV

出　　版 中国致公出版社
（北京市朝阳区八里庄西里 100 号住邦 2000 大厦 1 号楼西区 21 层）

发　　行 中国致公出版社（010–66121708）

责任编辑 张洪雪　王宏亮

责任印制 冯莅莅

印　　刷 天津中印联印务有限公司

版　　次 2018 年 6 月第 1 版

印　　次 2024 年 4 月第 2 次印刷

开　　本 880 mm × 1230 mm　1/32

印　　张 8

字　　数 170 千字

书　　号 ISBN 978-7-5145-1256-4

定　　价 59.80 元

（如发现印装质量问题，请寄本公司调换，电话：010–82259658）

序　言

我写这本书是为了准确反映生活在我们周围的神经官能症患者（neurotic）①，展现实际推动他们产生某种行为的冲突、自身焦虑、与别人交往及个人生活中的痛苦与障碍。本书并没有考虑任何特例或特殊类型的神经官能症，而是集中讨论了我们这个时代以不同形式出现在几乎所有神经官能症患者身上的性格结构。

实际存在的冲突以及神经官能症患者为了解决这些问题而做出

① neurotic在本书译为神经官能症患者。neurosis常译作神经官能症、神经机能病、神经质的、神经过敏的等，在本书中会交替出现。——译者注（本书除特别标注为译者注外，其他情况均为原书注释）

的尝试，个人现有的焦虑和为了对抗焦虑所建立的防御机制，这些内容是本书介绍的重点。从根本上说，神经官能症的发展来源于早期的经历，对实际问题的强调并不意味着我放弃了这一观点，但和很多精神分析学家不同，我并不认为应该将注意力以某种片面迷恋的方式放在童年经历上，强调后期的行为在本质上是对早期的重复。我想要说明，童年经历与后者冲突之间存在着更错综复杂的关系，而不像那些精神分析学家所主张的存在单一的因果关系。童年的经历尽管对神经官能症起着决定性作用，但绝不是造成后期心理障碍的唯一原因。

当我们将注意力集中在临床心理障碍上时，便会发现神经机能病不仅是由偶然性的个人经历引起的，还与我们所生活的特殊文化环境相关。事实上，文化环境不仅赋予个人经历质感和色彩，且归根结底决定其特殊形式。举例来说，拥有一个专断跋扈或者富有“自我牺牲精神”的母亲是一个人的命运，但是只有在特定的文化环境下，我们才能注意到母亲的专断跋扈或者“自我牺牲精神”，同时，也是因为存在着这样的环境，才能使这一经历对接下来的生活造成影响。

当我们意识到文化环境对神经机能病的重要影响后，弗洛伊德所认为的神经官能症的根源是生理与心理因素的说法便会不堪一击。这些后天因素所带来的影响应该是在已有的证据基础上结论的。

这种思维定向使许多有关神经机能症的基本问题有了新的解释。尽管这些解释涉及完全不同的问题，如受虐狂问题、对感情变态性渴望的原因、病态性内疚的含义等，但这些都强调了神精性的人格倾向是在焦虑发挥决定性作用的基础上引发的。

由于我的很多解释偏离了弗洛伊德的相关理论，很多读者可能会问：这还是精神分析的问题吗？答案取决于个人对精神分析本质的认知。如果一个人认为精神分析完完全全就是弗洛伊德一系列理论的加总，那么在这里所呈现的就不算是精神分析；如果一个人认为精神分析的本质在于某些基本的明确的思维倾向，用于讨论无意识过程的作用并发现其表达的方式，以治疗的形式将这一过程转变为意识，那么我刚才所阐述的观点就属于精神分析 。我认为，严格拘泥于弗洛伊德的全部理论学说容易使人在精神分析中陷入弗洛伊德预设的诱导、暗示中去。这是一种停滞不前的危险。对弗洛伊德伟大成就的敬仰应建立在巩固他的理论根基上，并且通过这种方式去实现精神分析在未来的使命，让它成为一项理论、一种治疗方法，这是我的看法。

这些看法同样回答了其他可能出现的问题，即我的理论是不是阿德勒式理论。我的某些理论确实和阿德勒所强调的某些观点具有相似性，但是从根本上来说，阿德勒的理论还是建立在弗洛伊德学说的基础上的。事实上，阿德勒的理论是一个很好的例证，即如果在没有弗洛伊德的基本理论做基础的情况下片面地去追求和探索，再具有创造性的心理学发现都会变得枯燥无味。

由于本书的重点并不是想要界定我在哪些方面认同或不认同其他心理分析学家的观点，所以我把本书争论的要点限定在与弗洛伊德有重大差异的方面。

本书所讲述的内容是我在对神经官能症长期的心理学研究中获得的体会。为了提供我的学说所依据的理论，书中本应包括详尽的案例资料，但是这对于一本旨在概括性介绍神经官能症问题的书来说又显得过于冗长。另外，即使没有这些资料做理论支持，专家甚至外行人仍能检验本书所述结论的有效性。如果他是一个细心的观察者，那么他可以将我的假设与他自己的观察及经验做比较，并在此基础上选择拒绝或接受、修正或支持我的结论。

本书语言平实，为了清楚起见，我尽可能避免过多地讨论细枝末节的问题。同样，专业术语也尽可能地避免了，因为过多的专业术语总会有替代清晰思考的可能性。因此对于很多读者，尤其是外行人来说，神经官能症的人格的问题不难理解，但这可能是一个错误甚至危险的结论。我们不得不承认，所有的心理学问题都是极其复杂和微妙的。如果有人不愿意接受这样的事实，那他最好不要读这本书，以免因不能找到现有的理论模型而陷入困惑和失望中。

这本书写给那些感兴趣的外行人，以及要职业性地和神经官能症患者打交道而对所涉及问题非常熟悉的那类人。这些人中不仅有精神病学家，还有工人、教师以及那些认为精神因素在不同文化研究中具有重要意义的人类学家和社会学家。最后，我希望本书对神经官能症患者本身也有某种意义。如果一个人在原则上并没有驳斥心理学思想是一种个人侵犯和强加物，那么与那些健康的同胞相比，依据以前所遭受的痛苦，人会对心理学的错综复杂有更加深刻及透彻的理解。不幸的是，了解人自身的处境并不会治愈其心理问题。所读的书会使人更轻易地了解别人，而不是自己。

我想借此机会特别感谢本书的编辑伊丽莎白·托德（Elizabeth Todd）女士，对于那些需要表达感激之情的作家，我也会在书中有所提及。我要向弗洛伊德致以最大的谢意，因为他为我们如今的工作奠定了理论基础，提供了研究工具。同样还要感谢我的患者们，因为我现在对他们的所有了解都离不开双方的共同配合。

目 录

The Neurotic Personality Of Our Time

第一章　神经官能症的文化与心理内涵

今天，我们会很随意地使用“神经质”这个词，然而我们对于它所代表的意思并没有太清晰的概念。通常情况下，用这个词只不过是为了在表达对某种行为的不赞同时也炫耀一下自身的文化修养而已。我们以前会习惯性地说懒散、敏感、贪婪或多疑，现在则更倾向于用“神经质”这个词来代替。但是当我们使用这个词的时候，却又毫无知觉地实际运用了某些标准来决定它的使用对象。

首先，神经官能症患者在其行为举止上与一般人不同。例如，一个女生自甘平庸，拒绝接受更高的薪水，也不想在上司面前表现出众，我们会很轻易地认为这个人有点神经质；再例如，一个每周只赚三十美元的艺术家，原本可以通过努力工作赚得更高的收入，但他却选择用那微薄的收入来尽情享受生活，花费大把的时间和女人厮混或者沉溺于无聊的嗜好中。我们称这些人神经质的原因在于，大多数人熟悉或者只熟悉想征服世界、超越他人的行为方式，而不是靠着生存基本收入过活的行为方式。

这些例子表明，我们认为一个人是否神经质的标准在于他的生活方式是否与我们这个时代所公认的行为方式相吻合。如果上述那个没有竞争欲望的女孩（至少没有明显的竞争欲望）生活在普韦布洛印第安文化中，她会被视为完全正常。如果上述那个艺术家生活在意大利南部的村庄或者墨西哥，他同样也会被认为是个正常人，因为在这样的环境中除了要满足完全必需的直接需求以外，其他想要赚更多钱或者发奋工作的想法都是令人不可思议的。追溯到更远的古希腊，如果一个人在超过个人需求的情况下仍拼命工作的话，会被认为是一种卑鄙的行为。

因此神经官能症这个词虽然源于医学术语，但是如今在使用中仍不能脱离其文化内涵。在对患者的文化背景一无所知的情况下，我们可以对其腿部骨折做出诊断，但是如果因为一个印第安男孩认为自己能看到幻觉并对此深信不疑而断定他神经质[①]，那这时我们的想法就会冒极大的风险。因为在印第安这些特殊的文化中，能产生幻

① 参看斯卡德尔·梅基尔：《诊断与文化》，载于《变态心理学与社会心理学》杂志，第30卷（1935年），第292—300页。

觉被认为是一种特别的天赋，是受神灵保佑的，所以拥有这一能力的人会被推崇。然而在我们的文化中，如果有人能够与已故的祖父畅谈数小时则会被认为有神经质或者精神异常，可这种与祖先们的沟通在印第安部落却是一种公认的模式。在我们的文化背景中，提及已故亲属的名字会被认为是一种大不敬，但在基卡里拉·阿巴切（Jicarilla Apache）文化中却再正常不过了[①]。一个男人如果被一个月经期女性的做事方式吓坏，无疑会被认为有神经官能症，然而在原始部落中对月经的恐惧是司空见惯的。

对正常与否的判断不仅和文化有关，而且在同一文化下的不同时期也会有所差别。例如，当今社会如果有女性因为发生过性关系而认为自己是个“堕落的女人”，“不配拥有绅士的爱”，就会被怀疑有些神经质，至少在很多的社会阶层中是这样的；然而在四十多年以前，这种负罪感却是正常的。对于正常与否的观念同样会随着社会阶级的不同而发生变化。例如在封建社会里男人终日游手好闲，只是出去打打猎或者外出征战，这会被认为是一种常态；然而小资产阶级的成员若是表现出同样的态度，则毫无疑问地会被看成是不正常的。因性别不同而标准不同的事情同样存在于社会生活中，西方文化

---

① 参看奥普勒尔：《对两个美国印第安部落的矛盾情感的解释》，载于《社会心理学》杂志，第7卷（1936年），第82—116页。

中的男性与女性被认为拥有不同的气质。当女人接近四十岁时，对衰老的恐惧被认为是正常的；而一个男人在那样的人生阶段因年岁而发愁则被认为是神经质的。

在一定程度上，任何一个受过教育的人都会知道对正常与否的判断是存在不同标准的。我们知道中国人的饮食习惯与我们美国人的大不相同；爱斯基摩人的清洁观念与我们也相去甚远；巫医的治疗方法与现代医生的也绝不相同。然而，不仅是习俗，欲望与情感也会引起这些差异，尽管人类学家以直接或间接的方法指出这些，但很多人对此并不理解。[①]正如萨丕尔所说的那样，现代人类学的功绩之一，就在于不断地重新发现“正常人”的内涵。[②]

每一种文化都有足够好的理由使人们相信自身的情感和欲望才是“人类本心”的正常表达。[③]心理学也不例外。例如，弗洛伊德从观察中得出女人比男人更容易嫉妒的结论，并试图在生物学基础上为

① 参看人类学资料中相关的精彩阐述，见玛格丽特·米德的《三个原始部落的性别与气质》、本尼迪克特的《文化模式》，以及阿洛威尔即将出版的《人种学工作者心理学手册》。

② 参看爱德华·萨丕尔：《文化人类学与精神病学》，载于《变态心理学和社会心理学》杂志，第27卷（1923年），第229—242页。

③ 参看鲁思·本尼迪克特：《文化模式》。

这一假想的一般现象找出依据。[1]弗洛伊德同样假设每个人都会对谋杀产生罪恶感。[2]然而每个人对杀人的态度千差万别，这是无可争论的。正如彼得·弗洛伊琴（Peter Freuchen）所说，爱斯基摩人不会觉得杀人者要受到惩罚。[3]在很多原始部落里，一个家庭成员的死亡所带来的伤害会以某种替代来加以补偿。在一些文化中，一位母亲的

① 在论文《两性间由生理结构不同所造成的一些心理后果》中，弗洛伊德提出了这样一种理论，他认为生理机构上的差别，不可避免地会使每一个女孩嫉妒男孩所拥有的阴茎。之后，她希望拥有阴茎的愿望就会转变成拥有具有阴茎的男人。之后，她开始嫉妒其他女人，嫉妒她们与男人的关系——准确一点说，嫉妒她们拥有男人，就像她最初嫉妒男孩拥有阴茎一样。在做出这一结论的时候，弗洛伊德屈服于那个时代的压力：通过对一种文化区域做出的观察，来对全部人类的人性做出概括性的诊断。

人类学家不会质疑弗洛伊德的观察，但他会认为这是对某一特定时间、特定文化中一类人群的观察。然后，他会通过人类对待嫉妒的态度上存在的千差万别来对弗洛伊德一般性结论的有效性提出质疑。在一些文化中，有些男人比女人更容易产生嫉妒的情感；在另外一些文化中，男人和女人都缺乏个人嫉妒；在有些文化中，男人与女人都极其容易嫉妒。基于这些实际存在的差异，他会反对弗洛伊德（或事实上是任何人的）把自己的观察建立在性别的解剖学差异上。相反，他会强调有必要去调查生活环境的差异及这对于男人或女人嫉妒心发展影响的必要性。例如，在我们的文化中，有必要去追问弗洛伊德：适用于我们文化背景下的神经质女性的，是否对这一文化中的正常女性也适用呢？我们必须提出这一问题，因为那些每天必须与精神病患者打交道的精神分析学家正越来越无视这一事实，即在我们的文化中也存在正常人。我们还必须追问：对异性产生嫉妒心和占有欲的心理条件是什么？在我们的文化中使男女嫉妒的发展有所不同的生活环境差异是什么？

② 参看弗洛伊德：《图腾与禁忌》。

③ 参看彼得·弗洛伊琴：《北极探险记与爱斯基摩人》。

丧子之痛可以通过收养凶手来代替儿子而得到安慰。[1]

更进一步地利用人类学上的发现，不难看出我们对人类本性的认知是极其幼稚的。例如，我们认为竞争、手足相争、爱情与性之间的关系是人类本性的固有倾向。我们对于正常的理解是基于特定的行为准则或某一特定群体强加给成员的感受，但是这一标准会随着文化、时代、阶级、性别的不同而不同。

这些对心理学的深思熟虑，相比只凭借第一印象来说意义深远，最直接的后果就是会对心理学的万能性产生怀疑。从我们的文化与其他文化的相似处来看，并不能得出二者拥有相同动机的结论，而认为一项新的心理学发现揭示了人类本性的普遍倾向也不再有效。所有的这些结果都印证了某些社会学家反复强调的观点：不存在对所有人都适用的正常心理学。

然而，这些局限性却可以使我们更好地理解人性。人类学的基本内涵就是，我们的情感与态度在相当大的程度上会受所处环境中不可分割且相互交织着的文化与个人因素的影响。这反过来又意味着，如果我们能很好地了解所处的生活环境，就有可能更深刻地了解正常情感和态度的特性。也正因为神经质是对正常行为方式的偏离（deviation），所以我们才能对其有更好的了解。

从某种程度上说，这样做就意味着要追随弗洛伊德的思想，而呈

---

① 参看罗伯特·布利弗奥特：《母亲们》。

现给世人的这一思想至今很少有人能达到这样的理解高度。虽然在理论上，弗洛伊德将人类的怪癖归结为生物本能性的驱动，但同时他在理论上以及更多的实践中强调，只有了解一个人的生活环境，尤其是童年期间的重大影响，才有可能理解他的神经质。在既定的文化环境下，将同样的原则运用到正常的和病态的人格结构问题上，就意味着我们只有了解了特定环境对个人的影响才能理解这些人格结构。①

从另一方面来说，这样做又意味着我们必须迈出坚定的一步来超越弗洛伊德，而这一步只有建立在弗洛伊德具有启发性发现的基础上，才有可能成功。尽管从某一方面来说，他的思想远远领先于他所生活的时代；但从另一方面来看，他格外强调的心理特性的生物起源却深受那个时代科学主义倾向的影响。他假设我们的文化中经常出现的本能驱动力或者目标关系就是由生物性所决定的“人类本性”，或者来自种种无法改变的情况，如生物学上特定的“前生殖器”阶段、俄狄浦斯情结等。

---

① 许多作家都曾认识到文化因素对心理状况的重要影响。弗洛姆的《基督教教义的形成》[载于《意象》杂志，第16卷（1930年），第307—373页]在德语心理学文献中首次提出并阐述了这种研究方法。后来其观点被其他人接受并继承，如威廉·赖希、奥托·芬尼切尔。在美国，沙利文第一个意识到文化因素对神经官能症影响的重要性，其他持相同观点的美国精神病专家还有阿道夫·迈耶尔、威廉·A.怀特、威廉·A.赫利和奥古斯塔·布朗纳。近些年，很多心理学家诸如F.亚历山大和A.赫利尔纳德，开始对心理学问题中的文化内容感兴趣。社会学家中持有此观点的主要有H.D.拉斯维尔和约翰·多拉尔德。

弗洛伊德对于文化因素的忽视不仅导致了错误性的一般结论，还在很大程度上阻碍了我们理解态度与行动产生的真正因素。我认为正是这种忽视才使心理学分析（由于对弗洛伊德理论的亦步亦趋）看似潜力无限却陷入了理论深奥难懂、术语模糊不清的盲区。

现在我们已经发现了神经官能症是正常状态的偏离。这一标准虽不充分但是非常重要。人们可能偏离正常的行为方式，却不一定患有神经官能症。上述提及的那个拒绝投入超过生活必需所用时间来赚钱的艺术家，可能患有神经官能症，但是也可能仅仅是明智地不想让自己卷入争名逐利的竞争中而已。另外，很多人从表面上看能够很好地适应当前的生活方式，但他们却患有严重的神经官能症。在这些情况下，心理学或者医学的观点就非常必要了。

奇怪的是，从这种观点来看，很难说清楚到底是什么引发了神经质。无论如何，据我们所掌握的数据，很难找出所有神经质的共性。我们当然不能将症状作为判断的标准，例如惊恐不安、抑郁沮丧、机能性身体失调，因为这些症状可能并不会出现。某种形式的抑制作用却会经常发生——原因会在接下来的内容中详细讨论，但是它们可能太微妙或者说隐蔽性很高，而不易被表面性的观察所发现。如果只是依据表面观察到的现象来判断人际关系的反常，包括性关系的反常，可能会遇到同样的困难。这些现象虽然不会消失，但是非常不好观察。然而，不具备人格结构的精湛知识也能够发现所有神经官能症患者具有的两个特点：行为方式相当固执，以及潜能与其实际成就脱节。

这两种特征都需要做进一步解读，这里的反应固执指的是缺乏能让我们随机应变的灵活性。举例来说，一个正常人会怀疑他感觉到的或看到的东西；而神经官能症患者则会没有任何理由地在不管自身是否真正意识到的情况下产生疑虑。一个正常人是可以分辨出由衷的夸赞和敷衍性的奉承；神经官能症患者则很难进行区分，甚至在任何情况下对所有恭维都表示怀疑。正常人会因不正当的欺骗而气愤，而神经官能症患者则会对任何溢美之词都表现出憎恶，即使他意识到这些好话对自己有利。正常人有时候会为一件重大的、艰巨的事情举棋不定；而神经官能症患者无法对任何事情做出决定。

固执只有在偏离了文化模式的情况下才会成为神经质的表现。在西方文明中，很大一部分农民会对新奇的事物持怀疑态度，而市井人家对斤斤计较这种事乐此不疲，也是正常表现。

同样，一个人的潜力与生活中实际成就之间的差距可能仅仅是由外部因素造成的。但是如果在具备天赋，且外部条件同样有利于个人发展时仍无所作为；或者拥有一切使自己幸福的条件，却仍然不能享受其中；再或者，尽管一个女人已经十分美丽了，但仍感觉不能吸引男人，那么这就可能是神经质的表现了。换言之，神经官能症患者感觉自己就是个绊脚石。

撇开表面现象去探究产生神经官能症的各种活跃因素，我们会发现，所有的神经官能症患者都有一个共同的基本因素，那就是焦虑及为了对抗焦虑而建立起来的防御系统。这种焦虑像神经系统结构一样复杂，是促使神经官能症产生并维持其运作的动力。这一言论的具体含义会在接下来的几章里详细讲述，在此就不再举例赘述。但即使假设性地接受了这一基本原则，也仍需要对其进行详细说明。

这种说法显然太宽泛。焦虑或者恐惧——我们暂时交替使用这两个词，是无处不在的，为与其对抗而建立起来的防御机制也是如此。这些行为不单单是人类具有的，就像动物因遭遇某种危险而受到惊吓，要么会反击要么会逃之夭夭一样，我们在面临同样的处境时也会做出一样的选择。如果我们因为害怕遭雷击而在屋顶安置避雷针；因为害怕遭遇意外事故而购买保险，那么恐惧与防御就完全体现了出来。它们在不同的文化背景下会有不同的形式，也有可能被制度化。例如，为了防止中邪而佩戴护身符；惧怕死者作祟而谨慎地选择墓地地址；由于害怕女人经期会招致灾祸而制定禁忌来减免接触。

这些相似性很容易诱导人们犯逻辑上的错误，如果恐惧和防御是神经官能症的基本因素，那为什么不把用于抵抗恐惧的制度化防御系统称为“文化的”神经官能症呢？事实上，这一推理的谬误就在于尽管其中一种因素是相同的，但是两种现象并非完全一致。人们不能因为房子的建造材料是石头，就把房子称为石头。那么，造成神经官能症患者出现病态的恐惧与防御的根本特征又是什么？是不是因为神经官能症式的恐惧是假想的恐惧？不是的，因为我们也可以说对死人的恐惧是假想的恐惧，但是这两种不同情况会让我们在对其缺乏一定了解的情况下陷入困惑的陷阱。难道神经官能症患者并不知道自己为什么会恐惧吗？不是，因为在最原始的认知中，人们也不知道自己为什么会害怕死人。这种区别显然和自觉及理性的程度没有什么关系，而是存在于以下两种因素中。

首先，每一种文化背景下的生活环境都会产生某种恐惧。不管这种恐惧是怎么产生的，它们可能会由外部危险（自然和敌人）、社会关系的种种形式（压抑、不公平对待、强制性屈服、沮丧而引起的仇恨）、文化传统（对鬼神或触犯禁忌的传统性恐惧）引起。不同的个体或多或少会遭受这些恐惧，但是从整体上来说，这些恐惧都是在既定的文化背景下强加给每个人的，无一人能够幸免。然而，神经官能症患者不但具有所有人都有的恐惧，而且个人所处的生活环境（与普通的生活环境交织在一起）使他产生了因从质与量中偏离了文化模式而带来的恐惧。

其次，这些存在于既定文化下的恐惧通常会由于保护性措施（如禁忌、仪式、风俗习惯等）而消失。与神经官能症患者建立起来的防御体系不同，这样的防御体系以一种更加经济的方式来处理恐惧。所以，尽管正常人不得不受到所处文化环境中恐惧和防御的影响，但是整体上还是能够挖掘其自身潜力，享受生活带来的美好。正常人能够最大限度地抓住文化环境所能带来的各种可能性。消极地说，他所遭受的痛苦，不会比文化环境中不可避免地要遭受的痛苦更多，而神经官能症患者总会遭受多于常人的痛苦。他们总会为了防御活动付出更高的代价，活力与人格拓展会受到损伤，或者具体一点来说，获得成就与享受生活的能力受到了损害，最终导致了之前我们所提到的差距与脱节。我之所以没有在讨论从外部观察可以得到的所有神经官能症患者的特点时提到这一事实，是因为刚才所说的不一定具有可观察性，甚至或许连神经官能症患者自身都不清楚自己所遭受的事情。

谈到恐惧与自身防御的时候，恐怕很多读者会对我针对什么是神经质这样一个简单的问题所做出的拓展讨论感到不耐烦。为了替我自己辩护，我会指出心理学现象往往都是错综复杂的，即使一个看起来很简单的问题，也永远不会有太简单的答案。我们在本书一开始所遇到的困境也不例外，无论我们想要解决什么问题，这一困境还将贯穿整本书的内容。描述神经质的最大的困难就在于单纯用心理学或社会学工具都得不到满意的答案，所以我们要交替使用。正如我们之前做的那样，先使用第一个，然后使用第二个。如果我们仅仅从动力学及心理结构的角度来考察神经官能症患者，我们就必须虚构一个并不存在的正常人。一旦我们跨越了本国或拥有与本国相似文化的国家，我们会遇到更多的麻烦。如果仅仅从社会学的角度出发，认为神经官能症是对大家所认同的特定社会背景下的行为方式的偏离，我们就会极大地忽略掉已知的神经官能症患者的心理特征。任何一个流派或国家的精神病医生都不会认同这一结论，但之前他们又经常会用这种方式来诊断神经官能症患者。这两种方法的共同点在于，它们都考虑到了神经官能症患者外部表现与内心动态过程的偏离，认为任何一个因素都不是主要的和起决定性作用的，二者必须结合起来。总体而言，这就是我们所说的恐惧和防御是导致神经质疾病的重要动力之一，但也只有满足了其在质与量上均偏离了同一文化背景下模式化了的恐惧和防御这一条件，才会构成病态的神经官能症。

我们还要沿着这一方向做更深入的研究。神经官能症患者还有一个本质的特征，那就是内心的矛盾冲突倾向。至少在一定程度上，患者是不知道自身存在这种倾向的，因此会不自觉地采取妥协的处理方法。这种特征正是弗洛伊德所强调的神经官能症不可或缺的组成要素，这种要素会有多种不同的形式。这一冲突区别于文化背景下普遍存在的冲突，既不是因为它们的内容，也不在于它们本质上的无意识——这两方面可能和共同的文化背景下的冲突是完全一致的，而是由于神经官能症患者所表现出来的冲突要更尖锐、更严重、更突出。神经官能症患者企图采取妥协的解决办法——姑且归为神经质，这些解决办法较一般个体所采取的办法更难以让人满意，并且实施起来会以整个人格的损伤为代价。

再次审视所有的思考，我们仍不能给神经质下一个完美的定义，但是我们可以这样描述：神经质是一种心理紊乱，它由恐惧及对抗恐惧的防御系统引起，在试图为消除这种矛盾倾向寻求妥协的解决办法时产生。从实际角度出发，我们建议在偏离特定文化背景下的普遍模式时再将这种紊乱称作神经质。

第二章　为何谈起“我们时代的神经官能症的人格”

由于我们的兴趣主要集中在神经官能症对人格的影响方式上，那么研究的范围就局限在两个方向上。首先，神经质也会发生在那些人格完整而未受损伤的个体上，这是对充满冲突的外界环境的反应方式。在讨论了某些基本心理过程的本质后，我们将回过头来简单思考一下这些简单的情景神经官能症[①]结构。由于它并没有揭示神经质人格，而且仅仅是暂时对外界特定的困难情景缺乏适应能力，所以我们不会在此赘述。本书讲到的神经质主要是指性格神经官能症（character neuroses），尽管它的症状与情景神经官能症基本相似，

---

① 情景神经官能症与舒尔茨所说的外源性神经质基本一致。

但它主要是由性格变态造成的紊乱。[①]这是一种潜在的慢性过程，始于童年时期，渐渐地，或多或少、或强或弱地成为人格的一部分。性格神经官能症从表面上看也是由实际情景的冲突引起的，但是仔细搜集病史就会发现，困难型人格特征早在令人困惑的情景出现之前就已经存在了；而暂时的困境在很大程度上是由之前存在的人格障碍所造成的。此外，正常人在处于某一生活情景时并不会产生冲突，而神经官能症患者却会对此产生神经性反应。情景的存在仅仅是揭示了早已存在的神经官能症。

其次，我们不会对神经官能症的症状特别感兴趣，我们的兴趣主要集中在自身的性格紊乱上。因为人格变态会在神经官能症患者身上不断产生，而临床上的症状则可能会变化或者完全缺失。同样，从文化的角度来说，性格结构也比症状更重要，因为影响了人的行为的是性格而不是症状。在知晓了神经官能症结构之后，就会意识到对症状的治疗并不一定是对神经官能症的治疗。总体来说，精神分析学家已经将兴趣点和注意力转移到了人格变态而不是症状上。形象地说，神经官能症并不是火山本身而是火山的爆发，引发疾病的冲突正像火山一样深深地隐藏在个体之中，连其自身都未曾发觉。

产生的局限性会让我们有这样的疑问：如今神经官能症患者的共

---

① 弗兰茨·亚历山大曾建议把那些缺乏临床症状的神经官能症称作性格神经官能症。我认为这种说法并不合理，因为通常情况下，症状的表现与否其实与神经官能症的性质完全没有关系。

性是否已经重要到被称为是我们这个时代的神经质人格的特征呢?

对于会伴随着不同类型的神经质出现的性格变态，我们会对其差异性感到惊讶，而不会注意其相似性。例如，癔症型人格与强迫症人格就明显不同。然而，引起我们注意的这种不同是由机制上的差异产生的，或者更通俗一点说，这种不同是两种紊乱反应在自身方式上的差异及解决方法上的不同。例如，癔症型人格障碍会有强烈的投射倾向，而强迫症人格则容易把冲突理智化（intellectualization）。另外，我们所谓的共性并不在于冲突的表现方式或者产生方式，而在于冲突的内容本身。更确切地说，相似性在很大程度上并不在于先天性促使紊乱发生的经验，而在于实际导致病人失常的那些冲突。

为了阐明其动力及不同分支，有必要在此做一个前提假设。弗洛伊德和大多数的精神分析学家都重点强调了这样一个原则，即精神分析的任务在于揭示冲动性的性欲根源（如在特定的性感区）或者发现一种反复重演的婴儿模式。尽管我认为，不追溯到患者的童年环境是很难对神经官能症有完整的了解的，但是倘若基因方法被片面地使用，不但不会澄清问题，反而会让人更加困惑。因为它会令我们忽视实际存在的种种无意识的倾向、它们的功能以及和其他现存倾向的相互影响，例如冲动、恐惧和保护性措施。基因的理解只有在对功能性的理解有帮助时才是有用的。

基于这一信念，在对不同年龄、不同气质和兴趣，以及来自不同社会阶层的、属于不同神经质类型的最具变化性的人格类型分析中，我发现动力中心冲突的内容和它们之间的相互关系在实质上是相似的[①]。我在神经分析领域的这些实践经验，已经通过对正常人及当代文学作品中人物的观察而得到证实。在神经官能症患者身上反复发生的那些困扰，如果剔除掉它们通常具有的虚幻晦涩的性质，我们不难发现在当代的文化背景下，同困扰正常人的问题相比，困扰神经官能症患者的问题仅仅是在数量上存在不同而已。我们大多数人需要面临竞争问题，会恐惧失败，有情感上的孤独，对他人和对自己不信任，光这些问题就不单单会发生在神经官能症患者身上。

一般来说，某一文化中的大多数人都不得不去面对同样的问题，这一事实意味着这些问题是由存在于该文化环境下的特殊生活条件所造成的。由于在其他文化中的推动力和冲突与我们的是不同的，因此所展现出的这些问题不能说是“人性”的共同问题。

因此在讲到我们这个时代的神经官能症的人格时，不仅指那些神经官能症患者共同具有的本质特征，同时还要说明这种基本共同点是由我们这个时代与文化中的各种困境所造成的。稍后，我会就我对社会学的认识，说明到底是什么样的文化困境造成了我们所说的神经冲突。

关于文化和神经质关系的前提假设的有效性，应该通过人类学

---

① 将重点放在相似性上并不完全意味着忽视为了描述神经质的特殊类型而做出的科学努力。相反，我完全相信精神病理学在对心理紊乱的限制性描述、起源、特殊结构和奇特的表现形式方面都已经取得了显著的成就。

家和精神分析学家的共同努力来验证。精神病学家不仅要研究神经官能症在特定文化下的表现，例如从形式的标准去研究神经官能症的发生率、严重性和不同的类型，还要从隐藏于其中的基本冲突来进行研究。人类学家应该从一种文化结构给个人造成了一些什么样的心理困境方面去研究同一种文化。所有这些基本冲突中的一个共同的外在表现方式，就是它们对表面观察持有相似的态度。这里的表面观察是指在不借助心理分析技术的情况下，对自己熟知的人，如自身、朋友、家庭成员或者同事进行观察。现在，我要对这种在日常生活中频频发生的观察做一个简要的剖析。

这些可以观察得到的态度可以粗略地分类如下：（1）给予和获得爱的态度；（2）自身评估的态度；（3）自我肯定的态度；（4）攻击性；（5）性欲。

关于第一点，我们这个时代神经官能症人群的主要倾向之一，就是过度地依赖他人的认可和情感。我们都想得到他人的喜爱和赞赏，而对神经官能症患者来说，对情感和他人认可的依赖性与那些人在他生活中的真实重要性极不相称。尽管每个人都渴望自己喜欢的人同样爱着自己，但是对于神经官能症患者来说，不管他是否真的关心那个人或者对当事人来说评论是否有意义，他们对赞赏和情感都有一种不加分辨的饥渴。他们在大多数情况下并不知晓这种无穷的渴望，当期盼的注意力并没有随之而来的时候，这种渴望会在敏感性中悄悄地显现出来。例如，如果某人没有接受他们的邀请，很久没有电话往来，甚至是在某些观点上出现分歧的时候，他们就会感到很受伤，内心的敏感会以一种“我不在乎”的态度表现出来。

与此同时，他们在爱人的愿望与感受和给予爱的能力方面又出现了明显的矛盾。他们对于自身愿望的过分需要会导致欠缺对他人的体谅与关怀。这种矛盾并不是总能在表面上看出来的。例如，神经官能症患者会特别渴望、特别体贴地去帮助每一个人，如果是这样的话，我们会很容易地察觉到他的行为具有强迫性，并不是发自内心的热情。

从表面观察中可以看出，神经官能症患者具有的第二个特点是因缺乏安全感而依赖他人。自卑和信心不足常被当作缺乏安全感的标志。它们可以通过很多方面表现出来，例如感觉自己缺乏能力、愚蠢、魅力不足，而这种想法根本没有现实依据。一些智力超群的人会认为自己很愚蠢，美艳绝伦的女人却认为自己缺乏魅力。这种自卑感会以抱怨或者担忧的形式表现出来，或者将莫须有的缺陷认为是理所当然的事实，而在上面花费大把心思。另外，这种自卑感也会通过自我夸张式的补偿性需要来进行掩盖，表现出一种爱炫耀的癖好，用我们文化中能够赢得他人尊重的东西来吸引眼球，比如金钱、名画、古董、美女、与名流的交往、旅行或渊博的知识。这些倾向会非此即彼地表现出来，但是在更普遍的情况下两种倾向会同时出现。

第三种是对自我肯定的态度，包含着明显的压抑倾向。我所说的自我肯定是指对自身言论或者行为的肯定，言下之意是其中并不包含不正当的欲望和追求。在这一方面，神经官能症患者会表现出大量的压抑倾向。他们压抑自己不去表达真实的想法和需要；不去做自己感兴趣的事情；不去表达观点、发表评论或者命令他人；不去选择想要交往的人；不与他人做朋友，诸如此类。

这些压抑还包括我们通常所说的坚持自己的立场，神经官能症患者在面对攻击时通常没有能力为自己辩护，或者在不愿意听从他人意见时也不会拒绝。例如，他们在女销售员想要兜售给他们本不需要的东西时不知如何回绝，或者遇到邀请他去参加聚会的人，遇到一个想要和他做爱的女人或男人时都不知该如何表示反对。最终，在明确了解自己想要知道的事情上也存在着压抑，即不能做出决定，没有自己的观点，不敢表达哪怕是关乎自身利益的想法，这些愿望往往被隐藏了起来。我的一个朋友在私人记账簿上将“电影”放在“教育”这一栏内，将“喝酒”放在“健康”一栏内。最后，他们特别重要的一个特征是缺乏规划的能力[1]，不管是规划一次旅行还是对生活的整体规划，神经官能症患者都会放任自己随波逐流，对生活究竟期待着什么

① 《命运和神经衰弱》（*Schicksal und Neurose*）的作者亨克·舒尔茨是为数不多的足够重视这一观点的精神分析作家之一。

也没有清楚的概念。即使在重大事情上也是如此，例如在选择职业和婚姻上。他们被一种病态的恐惧所驱动，正如我们看到有些人因为害怕贫穷会拼命敛财，害怕从事创造性的工作而无休止地卷入情感追逐的漩涡。

第四种是关于攻击性的态度。和自我肯定的态度对比而言，攻击性的态度在这里指的是反对、攻击、贬低、侵犯他人，或者任何具有敌对行为的形式。这种紊乱主要表现在两个方面。一种是喜欢进攻、支配、挑剔他人，喜欢指挥、欺骗，或者寻找别人的过错。具有这种心态的人偶尔能够意识到自己有些攻击倾向，但在更多的时候，尽管事实上他们已经咄咄逼人，极具侵犯性，自己却对此浑然不知，并主观地认为他们只是在真诚地表达一个观点，甚至是谦虚地表达自己的需要。然而，在有些人身上，这些紊乱却以相反的方式表现出来。他们表面上容易受欺骗，被统治，受人责备，受欺辱。同样，他们往往没有意识到这只是他们自己的看法，并悲观地认为整个世界都在欺压他们，亏待他们。

第五种是性生活方面的怪癖表现，可以粗略地划分为对性的强迫性需要和性压抑。性压抑可能出现在达到性满足之前的任何阶段，表现为禁止自己接触异性，禁止求爱，对自身性功能和性欢愉方面的反感。我们在前面描述过的怪癖行为都会出现在性心态中。

或许我们还应该对上述态度做出更详尽的描述。然而，接下来我会回过头来对此一一加以讨论，现在过多的论述可能并不会对我们的理解起到太大的帮助，为了更好地了解这一态度，我们需要了解它们产生的动态过程。当知道了这些潜在的动态过程，我们才会发现这些态度虽然表面看上去是毫不相干的，但实际上却是相互关联的。

第三章　焦虑

在详细讨论当代神经官能症之前，我要先拾起第一章丢下的话题，详细阐明我所说的焦虑的确切含义。这样做是非常有必要的，正如我之前说过的那样，焦虑是神经官能症的主要活跃症状，是我们一直都要面对的问题。

我之前曾把焦虑用作恐惧的近义词，二者的亲近关系可见一斑。事实上，焦虑和恐惧都是我们在面对危险时所做出的情感反应，都会伴随着种种生理反应，例如颤抖、出冷汗、心跳加剧，这种生理反应可能会非常强烈，从而导致突发的、强烈的恐惧，严重者甚至可能死亡。但是二者之间还是有不同之处的。

当小孩患丘疹或者轻微感冒的时候，母亲会担心孩子死掉，我们把这种情况叫作焦虑；若孩子确实患了非常严重的疾病，此时母亲的担心就是恐惧。当一个人一站到高处内心就害怕或者一讨论自己非常了解的话题就害怕时，我们称这种反应为焦虑；如果一个人在暴风雨的夜晚迷失在深山老林中，这时我们把这种害怕叫作恐惧。到目前为止，我们应该有了一个简单而明确的区分：恐惧是当一个人不得不面对危险时的恰如其分的反应，而焦虑是面对危险，甚至是想象中的危险的过度反应。①

然而这一区别却存在着不足之处，即要判断这一反应是否恰当取决于特定文化下的一般常识水平。但是，即使常识中认定某一态度是没有根据的，神经官能症患者也会毫不费力地给自己的行为找到一个合理的理由。事实上，如果告诉神经官能症患者他害怕被神经错乱的暴徒袭击只是一种精神焦虑的话，我们就将陷入无休止的争论中。他会指出这种恐惧是会实际发生的，并且还会讲出发生过的真实案例。如果有人认为原始人的某些恐惧性反应与实际危险是不相称的，他们也会固执地坚持己见。例如，如果一个认为吃某些动物是会触犯禁忌的原始人无意间误吃了该动物，那他一定会吓得不得了。作为局外人，你可能会认为那是一种不恰当的反应，是一种没有根据的迷信；但是在知道了部落信仰中关于这些禁忌的内容之后，你才会意识到这种情景的发生，对原始人来说代表着一种真实的危险，意味着捕猎或打鱼的领地可能会遭到污染，或者有即将遭遇疾病的危险。

---

① 弗洛伊德在他的《神经分析新论》中的《焦虑与本能生活》一章中，对“客观的”和“病态的”焦虑做了类似的区分，并将前者称为“对危险的明智反应”。

然而，这种原始部落中的焦虑和在我们这个时代的文化背景下所说的精神性的焦虑还有所不同。和原始部落不同的是，精神性焦虑的内容和大家的共识并不一致。一旦这一焦虑的内涵被理解了，那么认为是不恰当行为的这种想法就会消失。例如，有些人对死亡有种无法驱散的恐惧；但另一方面，由于所经受的痛苦，他们又会对死亡有种隐秘的渴望。对于死亡的各种恐惧，加上对死亡的期盼性思考，会使他们对眼前的危险产生很强烈的恐惧。如果我们知道那些使人感觉无助而只能对死亡产生焦虑的因素后，我们只能说这是一种理由很充分的反应。另外一个简单的例子就是，当人们站在悬崖边上，或者高楼的窗户旁，或者高桥上时，会产生恐惧。同样，从表面上看这是一种不太适当的反应。但是当这种情景发生在他们面前，或内心被扰动的时候，一种对生存的渴望与因为种种原因想要从高处跳下去的冲动就会产生矛盾，而这种冲突就会导致焦虑出现。

所有这些思考都在暗示我们，定义需要做出一定的修改。恐惧和焦虑都是对危险的正当反应，但是在恐惧的情况下，危险是看得见的、客观的，而焦虑则具有隐蔽性和主观性，也就是说焦虑的强度和这一情景对人所具有的意义存在正比例关系，至于他为什么会如此焦虑，可能连他本人都毫不知情。

区分恐惧和焦虑的现实意义就是想要说明，企图通过说服的方法帮助神经官能症患者摆脱焦虑是无用的。他的焦虑并不是在面对现实生活中的情景时产生的，而是源于内心感受到的处境。因此，心理治疗的任务也只能是找出某些情景对他所具有的意义。

当已经明确了焦虑对我们而言是什么之后，我们有必要进一步找出它所发挥的作用。在我们的文化中，一般人极少会意识到焦虑在他生活中的重要性，他们通常只记得童年时的焦虑，记得曾做过一两个焦虑的梦，曾在日常生活之外的情境里异常地焦虑，例如，要和一位显赫人物说话之前，或者在考试前。

在这一点上，我们从神经官能症患者身上得到的信息绝不是一致的。一些患者能完全感受到自己身处焦虑之中，焦虑的方式却各种各样，可能是广泛性焦虑（diffused anxiety），以焦虑症的形式出现；也可能伴随着一定情景或者活动发生，例如，身处高处、街道或公共场所；还可能会有明确的内容，例如，担心精神失常，担心患癌症，担心吞下什么异物，等等。另外一些神经官能症患者意识到他们有时候会产生焦虑，有时候有激发这种焦虑的外在条件，有时候则没有；但不管怎样，他们并不认为这些外在条件十分重要。最后，一些神经官能症患者仅仅会意识到自己情绪低落、自卑、性生活紊乱，以及诸如此类的情况，但完全意识不到自己曾有过任何焦虑。然而，进一步的调查表明他们最初的陈述是不正确的。在对这些人进行分析时，会不可避免地发现他们埋藏在表面下的焦虑和第一组一样多，如果不是更多的话。精神分析使这些神经官能症患者意识到他们之前所具有的焦虑情绪，并使他们回忆起一些令人忧心忡忡的噩梦和生活情境。但是他们对于焦虑的认识并没有超过正常的水平。这意味着有些焦虑是实际存在的，而我们对此却一无所知。

这样讲并没有完全揭示这一问题的全部意义。它只是更复杂的问题中的一部分。我们能够感知爱、愤怒和怀疑，但这种感受又是短暂的，很难进入人的意识中，并且会被轻易地抛于脑后。这种感受可能真的是不相关的、易逝的，但是在这之后却可能蕴藏着强大的推动力。对感觉的自知程度并不意味着这种感受的强度和重要性。[①]这意味着人们不仅仅会在不自觉的情况下产生焦虑，并且这种焦虑还会成为我们生活中的决定因素，尽管我们可能并没有意识到。

事实上，我们看起来似乎是在竭尽全力地逃避焦虑或者避免去感受它。其中有很多理由，最常见的解释就是强烈的焦虑是最折磨人的。一个经受过强烈焦虑的患者会告诉你，他宁可去死也不想再经历这样的折磨。此外，隐藏在焦虑中的某些因素可能对个体来说格外地难以忍受，无助就是其中之一。一个人在面对巨大危险的时候会神经兴奋、充满斗志，但是事实上身处焦虑中的人们是绝望无助的。对于那些把权力、地位、主导权看作最高理想的人们来说，无助是格外难以忍受的。他们因为感受到自己的行为与理想状态不相称而心生憎恶，就好像它证明了自己的软弱和怯懦。

焦虑中的另外一个因素就是它所表现出来的非理性。让非理性因素控制自己的行为对于某些人来说是更加难以忍受的。那些默默发现

---

① 这仅仅是对弗洛伊德基本发现中的某一方面的一种阐释，即无意识因素的重要性。

自己正在被非理性的异己力量慢慢吞噬的人，以及那些无意间将自己训练成严格遵守理性控制的人，是不会下意识地去容忍非理性的因素的。除了包含个人动机之外，后者的反应还受到文化因素的影响，因为文化环境对理性思考和理性行为施加了大量的压力，并将非理性或看上去非理性的行为视作低级的东西。

在某种程度上，包含在焦虑中的最后一种因素与此有一点关联。通过它的非理性，焦虑向我们传达了一种含蓄的劝诫，即我们身体内部出了一些问题，需要对身体进行彻底的检修，现在潜意识里已经将其看成是一种挑战，但不管承认与否，我们都不喜欢这样的一个挑战。甚至说，我们最反感的就是意识到我们必须改变自己的某些态度。然而，一个人越是感觉自己深陷在恐惧与防御机制的错综复杂的罗网中时，越会感到无助，越会坚持自己的错觉，认为自己说的是对的，认为自己在任何事情上都是完美的，越是本能性地拒绝接受、拒绝承认自身出现了问题，需要做出改变——即使它只是间接、含蓄的暗示。

在我们的文化中，避免焦虑有四种主要方式：理性对待；否认焦虑的存在；麻痹自己；避免能够产生焦虑的思想、情感、冲动和处境。

第一种将焦虑理性化的方法是用来逃避责任的最好借口。它的实质在于将焦虑转化成一种理性的恐惧。如果这种转化的心理学价值被忽视了，那么可以想象这种转变并不会带来太多的变化。过度焦虑的母亲实际上就是在关心自己的子女，不管她是否承认或者是否将这种焦虑解读为正当的恐惧。然而，人们可以做无数次这样的实验，即告诉一位母亲她的反应不是一种理性的恐惧而是一种焦虑，并暗示她这种焦虑与现存危险并不相适，其中包含了个人因素。在这种情况下，她会驳斥这种暗示，并且不遗余力地证明你完全错了。玛丽难道不是在襁褓时期就感染了这种传染病吗？约尼在爬树的时候没有摔断腿吗？难道最近没有人用糖果来诱导小孩子吗？难道她的这种行为不是完全出于爱和责任吗？[①]

任何时候，当我们遇到有人为非理性态度做出非常强烈的辩护时，我们可以很明确地认识到受到辩护的态度对一个人来说是多么重要。一个母亲并不会为她的这种情绪做无助的祈祷，而是会积极地做些事情来改变现状。她不仅不会承认错误，而且还会为自己的高标准而感到骄傲；不会承认自己的态度中包含了非理性元素，而会认为它完全理性和合理；不会看到并接受一个使自己发生改变的挑战，而会将责任转嫁给外界社会，以此来逃避面对自己的真正动机。当然，她必须要承受无法摆脱的烦恼作为换取暂时性优势的代价。更重要的是，她的孩子们也要付出代价。但她并没有意识到这些，归根结底是她根本不想去意识到这些，因为在她内心深处有一种幻觉：她不能改变自己，但又想设法取得这一改变能带来的所有好处。

这一原则适用于任何坚持认为焦虑是一种理性恐惧的观点。不管

---

① 参看桑多·拉多：《过分焦虑的母亲》。

它的内容是关于分娩的恐惧，还是疾病的恐惧，或是害怕饮食失调，害怕天灾人祸，害怕穷困潦倒。

第二种逃避焦虑的办法是否认它的存在。事实上，在这种情况下，除了否认焦虑的存在，将其排除在意识之外，并没有真正地解除焦虑。这时候身体会出现一些伴随恐惧和焦虑而产生的症状，如战栗、出汗、心跳加速、窒息感、尿频、呕吐、腹泻，并且在精神层面上会表现出烦躁不安、易冲动或呆若木鸡。当我们害怕并意识到自己害怕的时候，就会有这些感受和生理现象。同样，这些感受和生理反应可能也是缘于一种被压抑的现存焦虑。在后一种情况下，个人对自身情况的认识只是一些外在表现，如在某些情况下会频繁小便，在火车上晕眩呕吐，有时夜间盗汗，而通常情况下发生这些都没有任何生理缘由。

然而，人们也会在意识里否认焦虑的存在，这是一种企图在意识上征服焦虑的表现。这和通常情况下发生的事情很相像，即企图通过不顾一切地忽视恐惧来消除它。最熟悉的例子就是士兵受到克服恐惧的冲动驱使，做出了英勇的行为。

神经官能症患者同样也会下意识地去克服焦虑。例如，一个担心自己被抢劫，深受焦虑折磨的女孩，会在青春期到来之前下意识地决定忽视焦虑。她会一个人睡在阁楼里，独自在阴森、空荡的房间里走动。她进行精神分析的第一个梦揭示了这一态度的种种变化形式，在很多的场景中她都是非常害怕的，但每次都会勇敢地面对。其中一个情景就是，在半夜听到花园里传来脚步声时，她走到阳台朝着外面喊了一句："是谁在那里？"她成功克服了对抢劫的恐惧心理，但是由于触发焦虑的因素并没有发生改变，所以已存在的焦虑所产生的其他后果仍然存在。她还是缩手缩脚，胆怯。她觉得自己不受欢迎，也无法安定下来做一些事情。

但是，更常见的情况是神经官能症患者并没有这样的自觉性，这一过程往往就自动发生了。然而，他们和正常人的不同之处不在于决定的意识程度，而在于所得到的结果。神经官能症患者竭尽全力所能得到的不过就是消除了焦虑的特别表现形式，正如女孩消除了对强盗的恐惧。我并不打算低估这样的结果，它可能具有一定的实际价值，并且在提高自尊心方面也可能具有一定的心理学价值，但是由于这些结果容易被高估，那么指出其负面影响就变得尤为必要了。[①]事实上，不仅人格的动力结构没有发生变化，而且当神经官能症患者失去了内在紊乱的现象时，他同时也失去了解决这些问题的重要动力。

不顾一切地克制焦虑在很多神经官能症患者身上发挥着很重要的作用，但总是不能被人们正确地认识到。例如，攻击性在某些情境下很容易在神经官能症患者身上表现出来，并被认为是实际敌意的直接表达，然而实际上这可能是在面临被攻击的压力时，不顾一切所展现出来的对胆怯的克服。尽管敌意往往会实际存在，但神经官能症患者

① 弗洛伊德总是强调这一点，即症状的消失并不能代表病被完全治愈。

可能夸大了他所实际感受到的攻击性，他的焦虑激发了对胆怯的克服行为。如果我们忽视了这一点，那么就会陷入错把这种莽撞当作是实实在在的攻击的危险。

减缓焦虑的第三种方式就是麻痹自己。在有意识的情况下，通过酒精和药物或许可以达到麻痹的作用。然而，除此之外还有很多方式可以做到，尽管这些方式看起来并没有什么联系。其中的一种方式就是因恐惧孤独而投身于社交活动中。不管这种恐惧是被明确意识到的，还是仅仅是一种隐隐约约的不安，它都不可能改变这一情形。另外一种麻痹焦虑的方式就是沉浸在工作中，这可以从工作所具有的强迫性以及节假日所产生的不安中表现出来。同样，这也可以通过对睡眠非规律性的需要表现出来，尽管过多的睡眠并不能更好地消除疲劳。最后，性行为会被认为是缓解压力的“安全阀”。长久以来，人们认为焦虑会引发强制性的手淫，但并没有意识到这对各种形式的性关系来说也是成立的。对于那些把性行为当作消除焦虑的主要手段的人来说，如果他们没有机会得到性满足，哪怕是片刻的满足，都会陷入烦躁与愤懑中。

逃避焦虑的第四种方式是最彻底的，那就是避免会引发焦虑的各种情形，包括想法、感受等。它可以是一种有意识的活动，如害怕潜水或者登高的人会避免做这些事情，更准确地讲，人们可以自觉地意识到焦虑并下意识地避免。然而，他也可以在仅仅是模糊地意识到或者完全没有意识到焦虑的存在的情况下避免这些活动。例如，他可以在没有意识到焦虑的情况下在与焦虑有关的活动上拖延时间，迟迟不做决定，拖延不去看医生，不去写信；或者他可以“伪装”，主观地相信他十分关注的事情，如参加讨论会，向雇员发号施令，将自己与他人隔离开来，但这些对他来说并不重要；或者他“假装”不喜欢某些事情，并基于此而不去做。因此，一个即将参加聚会的女孩会因为害怕自己被忽视，而使自己相信她是不喜欢社交聚会的，并以此为借口避免参加这种聚会。

如果我们进一步去探究这些自动性逃避的行为会在什么地方发挥作用，我们就会接触到一种抑制状态。抑制状态就是缺乏一定的能力去想、去做、去感受一些事情，其作用就在于避免由此所引起的焦虑。这时，意识中不会存在任何焦虑，也没有能力凭借自觉的努力来克服这种抑制的状态。例如癔症性失明、癔症性失语，或者肢体麻痹症。性冷淡和阳痿就代表了这种抑制状态，尽管这些性抑制状态的结构是非常复杂的。在精神领域，抑制状态常表现为精力无法集中，不能形成或表达自己的观点，无法与他人正常交往，这些都是人们所熟知的现象。

多花费一些页码来列举一下各种抑制状态，以便读者对抑制状态的形式种类和发生频率能有一个全面的了解，这样做或许是值得的。然而，我更愿意给读者留下自我回顾的空间。因为抑制作用在现代社会是一个很常见的现象，也是非常容易被识别出来的。然而，我们仍然需要简要地考虑一下那些能使人意识到抑制情绪存在的先决条件。

否则，我们会低估抑制的发生频率，因为通常情况下我们并不知道抑制作用到底发生了多少次。

首先，我们要有做某些事情的愿望，接着才会意识到有没有能力去完成。例如，首先我们要有在某一领域的雄心壮志，然后才能意识到在该领域有哪些抑制作用。有人可能会有这样的疑问，难道我们不能随时都知道自己想要什么吗？确实不是这样，我们设想这样一个情景：一个人正在讨论一篇论文，他同时拥有自己对于该文章的批判性意见，一种微小的抑制作用会通过不敢表达批判性意见而表现出来，强大的抑制作用会阻碍他组织自己的思路，导致他在讨论结束的时候或者在第二天早上，才会有一个清晰的思路。同样，抑制作用可能强大到让你根本无法形成批判性意见。在这种情况下，假定他能感受到自己有不同的见解，他也会倾向于盲目地接受别人说的话，甚至认同。他不会对抑制作用有任何的感知。换句话说，如果抑制作用强大到能阻碍个人的愿望和冲动，那么抑制作用的存在根本不可能会被意识到。

当抑制作用在人的生命中发挥如此重大的作用时，第二种会阻止意识出现的因素就是宁愿去相信这是一个无法改变的事实。例如，如果一个人对任何形式的竞争性工作都会感到强烈的焦虑，每次努力尝试工作都会变得疲惫不堪，那么这时他会认为自己不够强大，不能胜任任何工作。这种想法保护了他，如果他承认了抑制作用的存在，他就会转而回到工作中，由此将自己置于可怕的焦虑之中。

第三种可能性让我们回过头来思考文化的因素。如果抑制作用与文化赞许的抑制状态形式或当前的意识形态相一致，那么人们永远无法意识到抑制作用的存在。一个具有严重抑制倾向的患者从不敢靠近女人，他不会意识到自己被抑制作用阻碍了，因为他依照着“女性是神圣的”这样一种看法来看待自身行为。在谦虚是一种美德的教条下，人们很容易产生不敢有所求的抑制倾向。抑制倾向会转移人们的注意力，尤其当它作用在对政治、宗教等利害相关领域中居于主导的教条主义的批判性思考上，当人们接受惩罚、批判或隔离时也不会感受到焦虑的存在。然而，为了准确判断这种情况，我们必须理解各种各样的个人因素所发挥的作用。批判性思考的缺失并不一定意味着抑制作用的存在，它很可能由于一般的懒惰性思想，由于愚昧，或者因为与居于主导地位的教条主义恰巧吻合。

这三种因素中的任何一种都可以让我们无法识别失能作用，这也解释了为什么即使经验丰富的心理分析学家也很难发现这些失能性倾向。但是，假设我们能识别所有的失能倾向的发生，对于发生频率的估计仍会低于实际水平。我们不得不把所有的反应都考虑在内，即使有些正处于日臻成熟的过程中，在我们心里依然相信自己是能有所作为的，但是与此相关的焦虑却对行动本身发挥着某种影响。

首先，从事一种令人心生焦虑的活动会产生一种紧张、劳累，甚至筋疲力尽的感觉。例如，我的一个病人虽然已经康复，不再惧怕走在大街上，但对此仍存在着相当大的焦虑，周末走在大街上时会感到身心疲惫。实际上，他能做很吃力的家务而且不会感到一丝劳累，所以这种疲惫并不来自身体上的虚弱，而是与在室外走路有关的焦虑所造成的。虽然焦虑已减少到能使其外出行走，却没有少到能让他不受任何影响而摆脱疲惫感。现实中，很多归结为过度工作的机体困难并不是由于工作负荷大，而是因为工作造成的焦虑，或者与同事间的紧张关系有关。

其次，与某种活动相关的焦虑会造成该功能的损伤。例如，如果发号施令会让人产生焦虑，那么这种命令就会以一种辩护的、徒劳无效的方式发出来；如果骑马会造成人的焦虑，那么这个人就会失去驾驭这匹马的能力。人们对这种情况的意识程度是因人而异的。他们可能会意识到焦虑会阻止自身以令人满意的方式来执行任务，或者只是隐约地感觉到自己不能把某件事情做好。

再次，与某种活动相关的焦虑会破坏该活动本身所带来的欢愉。这对于轻微的焦虑来说是不成立的；相反，轻微焦虑还会产生额外的热情。怀着轻微焦虑的心态坐过山车会让过程变得更加刺激，但是在强大焦虑下则会让人觉得这是种痛苦的折磨。与性关系相关联的强大焦虑会使他们完全不能享受到做爱的乐趣，如果这个人并没有意识到这是焦虑在作祟，那他便会认为性关系本身毫无意义。

最后一点可能会让人有些困惑，因为我在前文中提过对某事的厌恶可能是为了避免产生焦虑的一种方式，在此想表达的是厌恶可能是焦虑发生的后果。事实上，上述两种观点都有道理。厌恶感既是避免焦虑产生的手段，也是焦虑作用后的结果。这只是一个小小的例子，就让我们明白了理解心理现象是多么困难。心理现象往往错综复杂，它们互相交织在一起，除非我们下定决心去考察无数交织在一起的行为，否则我们不可能在心理学领域取得任何进步。

讨论我们如何才能防御焦虑的目的并不是想把所有的防御机制都详尽无遗地展示出来。事实上，很快我们将了解到彻底防止焦虑发生的办法。我之所以关注这些，是为了证明这样的一个主张，人们实际拥有的焦虑可能比意识到的还要多，有些焦虑虽然没有被意识到，但依然存在；同时也是为了指出一些能够被人发现的焦虑的共同之处。

简而言之，焦虑可能发生在身体不适的感觉之下，例如心跳加速、身体疲惫。一些看似正当合理的恐惧也会揭示出焦虑的存在。这种隐藏的力量可以驱使我们借酒浇愁，或沉浸于各种娱乐消遣中。我们会经常发现，这种焦虑使我们没有能力去做或者去享受某些事情，我们也会发现，焦虑是隐藏在种种抑制作用背后的推动力量。

由于接下来要讨论的某些原因，我们的文化使每个生活在这一环境下的个体都产生了大量焦虑。因此，事实上每个人都会建立我之前提到过的这种或那种防御机制。神经官能症患者病得越严重，人格越容易被这些防御机制所渗透和把控，他不能去做或者没有想到去做的事情就越多，尽管根据他的活力状态、精神状态和教育背景，我们完全有理由期待他去做。神经官能症越是严重，展现出来的失能倾向就越多，并且会更加微妙和强大。[①]

① 舒尔茨·亨科在《精神分析绪论》中特别强调过Luecken的重大意义，即在神经官能症患者的人格上和生活中所发现的“空白和空洞”。

第四章　焦虑与敌意

在讨论恐惧与焦虑的不同之处时，我们得到了第一个结论：焦虑是本质上掺杂了主观因素的恐惧。那接下来的问题便是这种主观性因素的本质又是什么呢?

我们首先来描述一下当一个人处在焦虑期间的个人经历吧。那时候，他能感觉到一股强大的、无法逃避的危险感正在逼近，这使他感到无助和绝望。无论这种焦虑的外在表现形式是什么——对癌症的臆想性恐惧，对暴风雨的焦虑，身处高处的恐惧，还是与之相似的恐惧，这两种因素，即强大的危险感和没有能力去抵抗的感觉，都始终存在。有时候，这种感到无助的危险感来自外界——暴风雨、癌症和意外事故等与之相类似的事情；有时候，这种危险感又来自自身无法控制的冲动——害怕自己会从高处跳下来，怕自己会用刀砍人；有时这种危险感是完全模糊和难以捉摸的，就像焦虑发生时我们所感受到的那样。

然而，这些感受本身并不仅是焦虑的独有特征。任何涉及实际的强大危险，以及面对这些危险所实际发生的无助感都会有相同的表现。我认为，经历过地震的人们，和遭遇暴行的两岁婴儿，他们的主观经验与一个因担心雷雨而产生焦虑的情形没有什么不同。在恐惧的情形下，危险是实际存在的，无助的感觉也是由事实所决定的。在焦虑的情形下，危机感由心理因素引发和夸张化了，无能为力的感觉也是由个人态度决定的。

因此，焦虑中主观因素的问题就可以缩小为一个更具体的问题：究竟是在什么样的心理环境下，才会产生如此强大的危机感以及对此无能为力的态度？这是心理医生在任何情况下都必须提出来的问题。身体内的化学环境也能够创造出这种感觉和焦虑的生理伴随现象，但就像化学环境能够导致兴奋和睡眠一样，事实上它们根本不是心理问题。

同样，弗洛伊德在处理其他问题上，给我们指出了处理这类焦虑问题的方向。他用关键性的发现告诉我们，隐藏在焦虑之下的主观因素来源于我们自身的本能驱动力，换句话说，焦虑中所预期到的危险以及对此无能为力的感觉都是由我们自身冲动所爆发出的力量召唤出来的。我会在这章末对弗洛伊德的观点做出详细解读，同时也将详细指出我们的结论在什么地方存在不同。

理论上，任何冲动都具有引发焦虑的潜在力量，只要这种发现和冲动的执著会对其他关键利益及需要造成一定的损害，只要这种冲动是富有热情的、势不可当的。在有着明确和严厉的性别禁忌的时期，像维多利亚时代，屈服于性冲动经常意味着招致实际的危险。例如，一个未婚女孩这样做了，就不得不面对良心上的折磨以及来自社会的羞辱；那些屈服于手淫癖好的人不得不面对来自阉割、致命性的身体伤害以及精神疾病的实际危险。这对于今天看来不正当的某些性冲动，如暴露癖和恋童癖，同样适用。然而，在我们的时代环境下，只要是“正常的性冲动”，我们的态度就会变得非常宽容，会在内心承认甚至付诸实践。这其中不会涉及太严重的危险，所以在这方面也会缺乏为之担心的实际理由。

这种与性有关的文化态度的转变在很大程度上导致了这样的事实：根据我的经验，像这样的性冲动只有在特殊情况下才会成为焦虑背后的动力。这种观点看起来有点夸张，因为焦虑表面上看起来与性欲望没有任何联系。神经官能症患者经常会对性交产生焦虑，或者作为焦虑的结果在这些方面有抑制作用。然而，深入的分析表明，焦虑的根源往往并不在这些性冲动上，而是与之相伴的敌对冲动，例如通过性行为来伤害或者羞辱对方的冲动。

原则上，各种各样的敌对冲动构成了神经官能症患者焦虑的主要来源，恐怕这个新观点听起来又有点像从个别正确案例中总结出来的不合理结论。但是在这些案例中，人们可以发现敌对倾向与它所引起的焦虑存在着直接联系，而这并不是得出上述观点的唯一根据。众所周知，强烈的敌对冲突可能是焦虑产生的直接原因，只要这个冲突意味着击败目标本身。举一个简单的例子便能说明很多这种情况：F先生和一个女孩一同去爬山，他非常爱这个姑娘，但由于某种莫名其妙的嫉妒心理，他对她突然有了一种强烈的甚至是野蛮的愤怒。当和她走在一条陡峭的山间小路时，他突然间产生了一种焦虑的情绪，呼吸沉重，心跳加速，并产生了想把女孩推下悬崖的冲动。这种焦虑的结构就和性欲中产生的焦虑是一样的，都是一种势不可当的冲动，一旦屈服，就会给个人带来一场巨大的灾难。

然而，对于绝大多数人来说，敌对情绪与神经焦虑之间的因果关系并不明显。为了解释清楚为什么在这个时代背景下神经官能症患者的敌对冲突是产生焦虑的主要心理力量，我有必要详细考察一下压抑敌对情绪所产生的心理后果。

压抑敌对情绪意味着“伪装”成一切都是正常的，因此当需要做出反抗或者至少当我们想去反抗的时候，反抗情绪被很好地克制了。因此，这种压抑行为不可避免会产生的第一个后果就是未设防的感觉，或者更准确地说，强化了已存在的未设防的感觉。当一个人的利益遭受侵犯的时候，敌对情绪被抑制住了，这时他人便有了可乘之机。

化学家C的经历，代表了每天都会发生的一种情况。C由于每天工作过多而产生了神经衰弱。他天资过人，又有雄心壮志，但自己却完全没有意识到这点，出于一些暂时还未被谈及的原因，他压抑了自己的野心而表现得十分谦虚。当他进入一家大型化工企业的实验室后，另一位年纪稍长、级别比他高的同事G对他非常关照，每一个细节都传达着友好的信号。由于一系列个人原因——对他人友情的依赖、不敢有批判性的观察、不能认识到自己的野心，进而也无法看到别人身上的野心等，C非常乐意地接受了这份友谊，但是却没有留意到事实上G所关心的只是自己的事业，这使他很震惊。但起初C并没有把这个放在心上，直到有一次G将C的一个发明项目的想法拿来作为自己的想法进行汇报，而C之前在一次很友好的谈话中很正式地对G提出了这一观点。在这一瞬间C产生了怀疑，个人的野心激起了他极大的敌意，但他瞬间抑制住了这种敌意——连同合理的批判和怀疑。之后，他继续相信G是他最好的朋友，甚至当G中断他的某项工作时，他依然认为G是出于好意。最终，当G发明出了原本属于C的发明项目时，C也是仅仅认为G的天赋和才能是自己所不能及的，他为拥有这样一个令人羡慕的朋友而感到骄傲。因此通过抑制住自己的怀疑和愤怒，C没能意识到在重大问题上G与其说是自己的朋友，不如说是他一直抓着坚信自己是受欢迎的这一幻觉不放。C放弃了为自己的利益而战的准备，结果也没能守卫自己的劳动成果，反而让他人利用了自己的弱点。

这种通过抑制作用克服的恐惧也可以通过理智地控制敌意来克服。不过究竟是控制还是压抑，人们一般没有太多选择的余地。因为压抑是一种放射性的过程，只有在特殊情况下，当意识到敌意不能忍受时，压抑才会发生。当然，在这样的情况下，就不会存在意识控制了。意识到敌意难以忍受的主要原因是人们在敌对别人的同时又爱或者需要这人。人们可能并不愿意听到敌对的原因是嫉妒或者占有欲；或者因发现自己内心对他人怀有敌意而感到恐惧。在这样的情况下，抑制作用是获得暂时保障的最快捷的方法：通过压抑恐惧让敌意在意识中消失或者阻止到意识之外。我愿意用另外一种说法再重复一下这句话，因为简单地说，这是精神分析里鲜为人知的观点：如果敌意被抑制，人们就不会感受到自己心中的敌意。

然而长期看来，获得保障的最迅速的方式可能并不是绝对安全的。虽然通过压抑敌对情绪（或表明它的动态特征，我们最好使用愤怒一词）能将其移除到自觉意识之外，但它并没有被彻底消除。它从个体人格中分裂出来，失去了控制，受压抑的情绪在心中不断旋转翻腾而具有了高度的保障性和突发性，因而倾向于寻找发泄途径。这种受压抑的情感具有强大的爆炸性，由于这种压抑是被隔离开的，它往往意味着更大规模的更令人惊奇的势力范围。

只要人们意识到敌意的存在，这种敌意的扩张就会从三个方面受到限制。首先，由于身处特定的条件，他会清楚地知道对于敌人能做什么不能做什么；其次，如果愤怒的对象是关乎他钦慕、喜欢或者需要的人，那这种愤怒迟早会整合到整个情感中；最后，由于人们清楚什么适合做，什么不适合做，人格也是一样，这也会限制他的敌对冲动。

由于愤怒被抑制了，那么用以接近它的限制性的可能性就被切断了，结果在幻想中敌对冲动由内到外地突破了这些限制。如果上文中所提到的化学家遵从了内心冲动，那么他会告诉其他人G是如何滥用了他们的友情，或者向他的上司暗示G剽窃了自己的想法并使他中断这项研究。但是由于这种愤怒被压抑了，到最后愤怒分崩离析时，就很有可能会发生在梦中出现的情景。在他的梦里，他很可能以某种象征性的形式成了杀人犯，或成为受人崇拜的天才，而其他人却威信扫地。

通过分离作用（dissociation），被压抑的敌意会在受外界影响的情况下，随着时间的推移不断得到强化。例如，如果一个高级职员因为主管事先安排工作时没有和自己商量而对他心生怨恨，但又成功地压抑了这种愤怒，那么他的上司就一定会继续排挤他，新的怨恨也会接着产生。①

压抑敌对情绪的另外一个后果就是这个人心中会产生一种难以控制的具有高度爆炸性的情感。在讨论这种后果之前，我们需要考虑一个由此而引发的问题。从定义上来看，压抑一种感情或者冲动的结果就是个体不再能意识到它们的存在，使他清醒的意识中根本不知道自己对他人有任何敌对情绪。那我怎么才能说明他在自己心中“注入”（register）了这种压抑的情感呢？答案就在于，事实上在

---

① 昆克尔在《性格学引论》中注意到，神经官能症患者的态度源于对外界环境的反应，并因外界因素而得到不断强化，结果会令这个人越陷越深，在逃避过程中遇到越来越大的困难。昆克尔称这种现象为“魔鬼之圈”（Teufelskreis）。

意识与无意识之间并没有严格的二者择一式的选择替换。正如沙利文（H.S.Sullivan）在一次演讲中说的那样，意识存在着许多不同的层次。不仅是受压抑的冲动仍在发挥作用（弗洛伊德的经典发现之一），而且在更深的意识层面上个人也会意识到它的存在。简单一点说就是，在根本上我们并不会欺骗自己，事实上我们对自己的观察通常比意识中所了解的还要更清楚，就像我们能比自己所想象的更好地观察他人一样。例如，从他人身上获得的第一印象就非常正确，即使我们有充分的理由不去注意自己在这方面的观察。为了避免重复解释，我在这里采用了“记录”一词来说明这种情况——虽然没有自觉意识，但我们内心知道要发生什么事情。

如果敌意和对他人利益造成的潜在危险足够大，那么抑制敌意本身就足以引发焦虑。隐隐约约的不安就是通过这种方式造成的。然而，这一过程并不会在此处停滞，因为人有一种迫切的需要去消除对自身利益和安全有威胁的不利影响。这时，第二种类似反射的过程就产生了：个体将内心的敌对冲动反射到外在世界。第一种“伪装”即抑制作用，需要第二种伪装来补充，他“假装”破坏性冲动并不源于自身，而源于外界的人或者事。从逻辑上讲，敌对冲动投射到的人正是敌对冲突所针对的对象。结果，这个人就会被假定为是极其可怕的对手，部分是因为在这个人的身上有自己受抑制的冲动所具有的残酷无情的性质；部分是因为在危险的情况下，这种效应的程度不完全取决于实际条件，还取决于人们所采取的态度。人越是缺乏防御能力，面临的危险就显得越大。[①]

投射作用还有一个为自我辩护提供服务的附加功能。并不是我想去欺骗、偷盗、剥削、羞辱他人，而是其他人想要对我做这样的事情。一个妻子本身并没有意识到自己内心有伤害丈夫的冲动，她主观上认为自己是最爱他的人。由于这种投射机制，她很有可能会认为丈夫是一头想要伤害自己的野兽。

这种投射过程可能会被另外一种能达到同样目的的过程所支持：因担心遭遇报复而产生的恐惧会抑制这种冲动。在这种情况下，想要伤害、欺骗他人的人同样害怕会有人也这样对待自己。这种报复的恐惧在多大程度上根植于人性中的通性，多大程度上来自罪恶与惩罚的原始经验，多大程度上被设定为要对个人进行报复的驱动力，在此将作为一个开放性问题，不做更多回答。毫无疑问，这种报复性恐惧在神经质心中发挥着重要作用。

这些过程由对敌意的抑制产生，最终导致了焦虑的发生。事实上，压抑所产生的心理状态正是典型的焦虑：被来自外界的强大的危险所威胁而产生的内心无法防御的感觉。

尽管在理论上形成焦虑的步骤是很简单的，但事实上理解焦虑产生的条件通常是十分困难的。其中一种复杂的影响因素就是受压抑的

---

① 弗洛姆在《权威与家庭》（该书由国际社会研究院的霍克海默主编）一书中明确指出，焦虑与引发焦虑的危险并不机械地取决于危险的实际危害，对内心无助、消极绝望的人来说，哪怕是相对来说很小的危险都会导致焦虑的产生。

敌对冲动通常不会被投射到实际关注的人身上，而是别的事情上。例如，在弗洛伊德的一个病例中，小汉斯并没有形成对父母的焦虑，而是对白马产生了焦虑。[①]此外，我有一个非常敏感的病人，在经历了对丈夫敌对的压抑之后，突然在某一天对游泳池瓷砖里的潮虫产生了焦虑。似乎从微生物到暴风雨都可以成为焦虑附着的对象。将焦虑从人们所关心的事物上抽离出来的理由是显而易见的。如果焦虑实际上是针对父母、丈夫、朋友或者有同样亲密关系的人，那么这种敌意就会与当前的对权威的尊重、爱情的忠贞、亲友的感激相违背。在这种情况下，最好的解决办法就是彻底否认敌意的存在。通过抑制自己内心的敌意来否认敌意的存在，将敌意投射到暴风雨上，他就否认了存在于他人身上的敌意。很多美好婚姻的幻觉都寄托在类似的鸵鸟政策上。

我们说对敌意的抑制必然会导致焦虑的产生，并不意味着每当这种过程发生的时候焦虑都会显现出来。通过一种我们已经讨论了或将要讨论到的保护性措施，焦虑会在发生的同时就被消除了。在这样的情景下，人们就可以通过这种方式来保护自己，例如，对睡眠和饮酒的强烈需要。在抑制敌意的过程中，焦虑会以无数种形式出现，为了更好地理解由此产生的后果，我将列举出各种不同的可能性。

① 参看《弗洛伊德文集选》，第3卷。

A：感到危险来自个人的内心冲动。

B：感到危险来自外在环境。

由于抑制敌意的后果不同，A组是抑制敌意的直接产物，B组则假定投射作用的存在。A和B都可以分成两个小类。

（1）感到危险是直接针对自己的。

（2）感到危险是直接针对他人的。

那么我们就得到了四种主要的焦虑形式：

A：（1）危险来自内心冲动，并直接指向自己。在这种情况下敌意会继发性地指向自己，这一过程稍后详细讨论。

例证：害怕自己会从高处跳下来。

A：（2）感觉到危险来自个人冲动，但直指他人。

例证：害怕自己会拿刀伤害他人。

B：（1）感觉危险来自外界但关乎自己。

例证：对暴风雨的恐惧。

B：（2）危险来自外界，与别人相关。这一组，敌对情绪被投射到外在世界，但所针对的原始对象仍然存在。

例证：过分焦虑的母亲害怕孩子遭遇危险而焦虑。

不用多说，这种分类的价值是有限的。它可能对提供快速定位来说是有效的，但并不能反映一切可能的情况。例如，我们无法推论说，产生A种焦虑类型的人绝不会投射抑制的敌对情绪，只能说在这种特定的焦虑形式下是没有投射作用的。

敌对情绪会产生焦虑，但二者之间的关系还不止于此。这种过程换作另外一种方式仍然是有效的。当感觉自身受到威胁时，焦虑会反过来激发一种自卫式的敌意进行反抗。在这一点上，焦虑和恐惧本身没有太多差别，都能引发攻击性行为。反应性敌对情绪在受到压抑时也会产生焦虑，并由此产生周期循环。敌对情绪与焦虑之间会相互作用，总会有一方激发并强化另一方，从而使我们明白了为什么神经官能症患者身上会有大量的不曾间断的敌意产生。[①]这种相互影响同样解释了为什么严重的神经官能症患者在没有明显的外界不良条件下，病情仍然会恶化。焦虑与敌对情绪是不是主要因素已不再重要了，对神经动力学极为重要的是焦虑和敌对情绪是不可分割地交织在一起的。

总的来说，我所提出的焦虑的概念，基本上是通过精神分析的方法得到的。它要通过潜意识动力、抑制过程、投射反应等诸如此类的事情来起作用。然而，如果再深入到细节就不难发现，它在很多方面与弗洛伊德的立场都是不同的。

---

① 一旦我们意识到敌意会通过焦虑得到强化，那么为破坏性驱动力寻找一种特殊的生物学根源就不再是必要的事情了，正如弗洛伊德在他关于死亡本能理论中所做的那样。

关于焦虑，弗洛伊德先后提出了两种观点。第一种，简而言之，焦虑产生于对冲动的抑制。这个冲动仅仅指性冲动，是纯粹的生理学解释，因为它基于这样的一种观点：性能量不能得到释放，就会在体内产生生理紧张，从而转变成焦虑。第二种，焦虑（或者他所谓的神经焦虑）来自发现或追求冲动时会导致外界危险产生的恐惧。[①]第二种解释是心理学的解释，不仅涉及性冲动，还和进攻性冲动有关。在对焦虑的这种解释中，弗洛伊德根本没有考虑冲动的抑制或者非抑制，而仅仅涉及这种冲动带来的恐惧，因为对这种冲动的放纵会招致外来的危险。

我的概念基于这样的信念之上——为了得到一个完整的理解，弗洛伊德的两种看法必须综合起来考虑。因此，我将第一种观点中纯粹的生理学基础放宽，并与第二种观点相结合。这样来看，焦虑主要并不是来自内在冲动而产生的恐惧，更多的是因为我们对受到抑制的冲动感到恐惧而产生的。在我看来，虽然弗洛伊德提出的第一个概念建立在精细的心理学观察上，但仍没能充分利用到它的原因在于，他给出了一个生理学的解释，而没有说明抑制了冲动之后内心会发生什么样的变化的心理学问题。

我与弗洛伊德意见的第二点不同在理论上不重要，但在实践操作中很重要。我完全同意他的观点，即焦虑会来源于稍加放纵就会招致

---

① 弗洛伊德《精神分析新论》中《焦虑与本能生活》一章，第120页。

外在危险的冲动。性冲动当然属于这一类，但是只有在严格的个人和社会禁忌是在这些冲动上建立的情况下，才会使它们变得危险。①从这个角度来说，由性冲动产生焦虑的频率在很大程度上取决于文化对于性的态度。我并不认为类似这样的性是焦虑的特殊来源。但是，我认为在敌对情绪中，或者更准确地讲在被抑制的敌对冲动中，存在着特殊的来源。将这章所讲述的概念用更简单实际的方式表述出来就是：当我发现焦虑或显现出焦虑迹象的任何时候，头脑中想到的是究竟什么样的敏感点被刺痛从而导致了敌意的产生，用什么来解释必要的敌意压抑？根据我的经验，在这些方向上做进一步的探索，往往能获得对焦虑的令人满意的理解。

第三点和弗洛伊德观点存在分歧的地方在于，他假设焦虑仅仅产生于孩童时代，开始于所谓的出生焦虑，接着是对阉割的恐惧，后来在生活中的焦虑都源于孩童时代的反应。“毫无疑问，那些被我们称作神经官能症的人们对待危险的态度仍停留在幼儿时期，并没有成熟到能走出过去的焦虑状态。”②

让我们单独考虑一下包含在这一解释中的各个要素。弗洛伊德认为我们在幼儿时期格外容易产生焦虑的反应。这是一个无可争辩的事实，它有着合理的、能够被理解的原因。因为孩子在面对不利影响

① 或许在某种社会环境中，如塞缪尔·巴特勒在《乌有乡》中描绘过的社会中，任何身体疾病都要承受惩罚，因而患病的冲动也会导致不正常的焦虑。

② 弗洛伊德《精神分析新论》中的《焦虑与本能生活》一章，第123页。

时，相对来说都是无助的。事实上，从神经官能症患者的特点上来看，我们总会发现焦虑的形成开始于童年早期，或者至少我所说的基本焦虑的基础在那个时期就已经打下了。然而，除此之外，弗洛伊德认为成年神经官能症患者身上的焦虑与最初引发这种焦虑产生的条件仍然紧密相关。例如，一个成年男性仍然会被孩童时代对阉割的恐惧而困扰，尽管形式略有不同。毫无疑问，婴幼时期的焦虑在遇到适当的刺激时，保持着不变的形式再次出现在后来的生活中是很少见的。① 但是，简而言之，我们发现它不是简单的重复，而是发展。在一项分析中，我们能够完全了解到神经官能症是如何产生的，我们会发现从早期的焦虑到成年的行为怪癖存在着一条不间断的行为链。因此，与其他因素一起，焦虑会包含在童年时期的一些特殊冲突中。但是，从整体上看来，焦虑并不是一种幼稚的反应。如果将其认为是一种幼稚反应，就会将两种不同的东西混淆起来，会把幼稚的态度当作是童年时期的态度。如果我们有合理的理由称焦虑是一种幼稚的行为，那也可以称焦虑是儿童身上早熟的成人态度。

---

① 舒尔茨在《神经官能症、生命需要和医生的责任》一书中，记录了这样一个病例：一个员工频繁地更换工作岗位，原因在于某些上司激起了他内心的愤怒和焦虑。精神分析表明只有那些长有某种胡须的上司才会激怒他。这个病人的反应证明，这是对他父亲的反应的反复性重演，因为在他三岁时，他父亲曾以威吓的方式攻击过他母亲。

第五章　神经官能症的基本症候

焦虑完全可以由实际生活中的冲突来解释。然而，如果我们在性格神经官能症中发现了产生焦虑的情景，为了解释敌对情绪为什么在那种特殊情况下发生并被抑制了，我们必须考虑之前已经存在的焦虑。然后，我们会发现这种先前存在的焦虑反过来成为之前已经存在的敌意的结果，如此循环往复。为了明白整个发展过程是如何开始的，我们必须追溯到童年时期。①

我处理的有关童年经历的情况不多，这不过是少数的几个例子之一。与通常的心理分析文献相比，我在这本书里会较少地讨论到童年时期，其中的原因并不像其他心理分析学者想的童年经历不够重要。这本书旨在说明神经官能症人格的真实结构，而不是引发神经官能症

① 我在这里并不打算解释“心理治疗要追溯到多远的童年时期”这个问题。

发生的个人经验。

在考察了大量的神经官能症患者的童年故事后，我发现他们之间存在着共性，即他们都处于一种共同情境中，这情境以不同的结合方式展现出如下特性。

最本质的邪恶完全是因为真正的温暖与爱的缺失。孩子只要心里觉得自己仍然是被需要和被关爱的，就能在很大程度上忍受一般的所谓创伤，例如，突然的断奶，时不时的打骂。不用说，孩子能够敏锐地感觉出爱是不是发自内心的，绝不会被任何虚伪的表达所欺骗。孩子感受不到足够的温暖和爱的原因就是父母因患有神经官能症而没有能力来满足孩子的需要。根据我的经验，更为常见的是，这种关爱的缺失往往被掩盖了，父母们往往会宣称自己心心念念想的都是如何为了孩子好。一位“理想母亲”的过分溺爱和自我牺牲精神是导致这种气氛产生的主要原因，这种氛围比其他任何事情都更能在孩子的心里埋下缺乏安全感的种子。

此外，我们发现部分父母的种种行为或者态度只会让孩子对他们产生敌意，例如对某些子女的偏爱、不公正的责骂、变化无常的情绪、不能履行的承诺，更主要的是对孩子急切希望满足的愿望由不闻不问到不断干涉。例如，干涉他们与其他朋友之间的友谊，嘲笑他们的独立思考，破坏他们追求某些事情的兴趣，不管是在艺术方面、体育方面，还是技术方面。父母的态度即使不是有意的，也会在实际上影响孩子们的愿望。

心理分析文献中，在讨论引起孩子敌意的因素时，将重心放在了孩子的愿望受挫（尤其是在性领域）和嫉妒心理上。很可能童年时期产生的敌意部分上是由于我们的文化对一般性快乐，特别是儿童性欲方面的快乐是过于严厉的，不管后者是出于性好奇、手淫，还是与其他孩子一起玩的性游戏。但是，挫败感并不是产生叛逆的敌对心理的唯一来源。观察表明，孩子以及成年人在认为剥削是合理的、公正的、必要的以及有目的性时，会接受很多剥削行为，这是不可否认的。例如，如果父母没有过分强调，没有采取或多或少的残忍手段来强迫孩子，他们并不会在意要被进行卫生清洁教育。同样，在接受偶尔的惩罚时，只要他们觉得整体来说自己还是被关爱的，并且惩罚本身并没有伤害或者侮辱的意图，惩罚本身还是可以接受的。诸如此类的挫折是否会促使敌对情绪的产生还是很难判定的，因为在给孩子很多压力的环境中经常会有很多具有煽动性的因素存在。挫折本身并不重要，重要的是挫折所引发的情绪。

我在这点上做出强调的原因在于，在通常情况下，人们会强调挫折具有危害性，这样一来就使很多父母产生一种想法，这种想法比弗洛伊德想的还要远。他们不敢对孩子做任何干预，就怕孩子会由此受到伤害。

无论是在孩子身上，还是在成年人身上，嫉妒都可能成为一种根深蒂固的仇恨的来源。毫无疑问，在神经官能症孩子的身上，兄弟姐妹间的嫉妒[1]以及父母中一方的嫉妒都会产生重要影响，这一态度造成的持久性影响会影响到他们以后的生活。然而，人们对此会产生疑问，到底是什么引发了这种嫉妒呢？那些在兄弟竞争和俄狄浦斯情结中所观察到的嫉妒心理注定出现在每个孩子身上吗？或者它们是由什么特定条件引发的吗？

弗洛伊德关于俄狄浦斯情结的观察建立在神经官能症患者身上。他发现，在这些人身上，对父母的强烈嫉妒行为具有足够的破坏性而让人心生恐惧，而且会对性格形成以及个人关系产生持久的扰乱作用。在我们这个时代的神经官能症患者身上经常发现这一现象，他认为这可能具有一定的普遍性。他不仅认为俄狄浦斯情结是神经官能症的症结，还尝试着在此基础上去理解其他文化背景下的情结现象。[2]这样的一般性结论是值得怀疑的。确实，在我们的文化中，一些嫉妒反应会发生在兄弟、父母与子女之间，正如它们会发生在生活非常亲密的团体中一样。但是没有任何证据可以说明具有破坏性和持久性的嫉妒行为（当提到俄狄浦斯情结和兄弟竞争时就会想到这些）正如弗洛伊德假设的那样存在着，更不用说其他文化了。总的来说，它们就是人性反应，只是随着孩子的成长环境人为地发生了。

到底哪些因素才是产生嫉妒心理的主要因素呢？稍后在我们谈论

---

① 参看大卫·李维：《兄弟竞争实践中的敌对模式》，载于《美国行为精神病学杂志》，第6卷（1936年）。

② 弗洛伊德的《图腾与禁忌》。

到病态嫉妒的一般内涵时就会明白了。我们在这里需要提一下，温暖的缺失以及竞争性精神会导致这一结果的产生。此外，创造了这种氛围的神经官能症父母往往对自己的生活并不满意，他们得不到情感上或者性关系上的满足，因此，自然而然地，孩子就变成了他们爱的重心。他们在孩子身上寻找自己无法被满足的爱的需要。他们对爱的表达并不总是带有性的色彩，但无论如何，都是富有情绪意义的。我非常怀疑孩子与父母之间存在的潜在性欲要强大到何种程度，才足够引起潜在的心理紊乱。我了解到，不管在什么情况下，患有神经官能症的父母都会通过恐吓或者温柔的方式强迫子女陷入情感的依恋中，这带有弗洛伊德所描述的占有欲和嫉妒的内涵。[①]

我们通常认为对家庭或家庭中的部分成员的敌对情绪对孩子的成长是不利的。当然，如果孩子不得不与患神经官能症的父母天天做斗争，那确实会有些不幸。然而，如果确实存在进行反抗的合理理由的话，那么孩子性格的形成危险就并不存在于感受或表达抗议上，而是存在于对抗议的抑制上。对批评、抗议或者谴责的抑制会导致很多危险产生，其中之一就是孩子容易将所有的责任都归到自己身上，从而

---

① 上述观点在总体上和弗洛伊德的俄狄浦斯情结并不一致，我认为这并不是一种生物学的特定现象，而是受文化的影响所产生的后果。由于这种观点被几位学者（玛丽洛夫斯基、波姆、弗洛姆莱西等）讨论过，我只讨论在我们这个时代的文化中可能导致俄狄浦斯情结产生的因素：由于性生活不协调导致的婚姻不和谐；父母无限制地滥用权威；严禁孩子有性发泄；让孩子保持童真并在情感上依赖父母，否则就在情感上孤立他们。

觉得自己不值得被爱。这种情景的含义，稍后我们会进行讨论。在这里我们很担心被抑制的敌意会产生焦虑，并开始向着我们之前讨论过的那种方式发展。

为什么生长在这种环境下的孩子会抑制敌对情绪的产生？原因有很多，并且各种原因之间以不同的程度或者组合的方式发挥着作用，比如无助、恐惧、爱和愧疚感。

小孩的无助通常被认为是一种生理事实。尽管孩子要在很长时间内依赖外界环境来满足自身需要——与成年人相比身体不够强壮结实、缺乏生活经验，然而人们还是过多地强调这些问题的生理方面。当孩子两三岁的时候，孩子的依赖会发生决定性的变化，由占主导的生理学依赖转变为包含心理、智力及精神生活的依赖。这将一直持续到孩子成熟至青春期，能够自己主宰自己的人生。然而，在这期间对父母的依赖仍存在着较大的个体差异，这完全取决于父母在教育子女时所期望实现的目标：或者希望孩子变得坚强、勇敢、独立，处理问题的能力强；或者想保护孩子，让他们听话，过着单纯的生活；或者简而言之，让他们一直保持幼稚直到二十岁或更大年纪。在不良环境下成长的孩子，他的无助感往往因恐吓或溺爱，或者一直处在情感依赖中而强化。孩子越是感到无助，就越是不敢去感受和表达反对意见，反抗心理潜伏的时间就会越久。在这种情况下，孩子潜在的感情，或者他们所信奉的格言就是：我必须抑制自己的敌对情绪，因为我需要你。

恐惧可以直接由威胁、禁令、惩罚，以及孩子亲眼所见的暴力场景或者脾气失控的场面引起，也有可能通过间接的恐吓，例如让孩子对生活中的危险如病菌、马路上的车辆、陌生人、野蛮的孩子、爬树等留下深刻的印象。孩子越是忧心忡忡，越是不敢去展示或者感受敌对情绪。他们所信奉的格言就是：我必须抑制敌对情绪，因为我害怕你。

爱可能是导致压抑敌对情绪的另外一个原因，当父母越是缺乏对孩子真诚的爱时，越是会经常给予口头的强调，说自己是多么爱孩子，愿意为孩子呕心沥血，愿意做出多大的牺牲。孩子，特别是那些受到恐吓的孩子，会紧抓着这种爱的替代品，不敢反叛，生怕会失去听话的奖赏。在这种情景下，他们的格言就是：我必须抑制敌对情绪，因为我害怕会失去爱。

到目前为止，我们讨论的都是孩子们抑制着对父母的敌对情绪，因为他们害怕因此破坏了与父母之间的关系。他们显然受到了恐惧的驱使，害怕这些强大的巨人会抛弃他们，收回他们的仁慈甚至会反对他。除此之外，在我们的文化背景下，孩子会因为自己表达了任何敌对或者反对的感受而感到内心愧疚，也就是说如果他们表达了或者感受到了对父母的敌意，或者打破了他们制定的规则，他在心里就会觉得自己是下贱和卑鄙的。产生内疚的这两种原因是互相关联的。孩子越是为跨过禁区而内疚，就越不敢有任何的怨恨和责备。

在我们的文化中，性禁区是最容易引发愧疚感的。不管这种禁令是通过能感受到的沉默还是公开的威胁或者惩罚显现出来，孩子们能感受到对性的好奇以及性活动是被禁止的，如果沉浸在性爱的欢愉中，也会被认为是肮脏和下贱的。同样，如果对父母有性方面的幻想，即使出于整个社会环境对性持有的禁止态度而没能表现出来，也容易使孩子感到愧疚。在这种情况下，他们所信奉的格言就是：如果我心里产生了敌意，我就是一个坏孩子。

上述因素的不同组合形式都可能使孩子抑制住自己的敌对情绪，最终导致焦虑的产生。

但是任何一种出于幼年的焦虑最终一定会导致神经质的发生吗？我们对于知识的掌握还不足以充分地对这一问题做出回答。我认为对于神经官能症的发展，幼年时的焦虑是一个必要的因素，但不一定是充分的原因，看起来良好的生活环境，如极早地改变周围的不利环境或者不利影响因素，能预防神经质的发生。然而，如果正如事实上所发生的那样，生活环境不足以缓解焦虑，那么这种焦虑不仅会持续下去，而且，我们后面会看到，它会逐渐与增加或者推动神经官能症形成的种种过程联系在一起。

在众多可能会对幼年焦虑产生影响的因素中，有一个因素需要加以特别考虑。敌意和焦虑的反应是出于周边形势而不得不这样，还是会发展成对所有人都存有一种敌对和焦虑态度，这二者之间的差别还是挺大的。

例如，如果一个孩子足够幸运地拥有一位慈爱的祖母，善解人意的老师，很要好的朋友，那么和他们在一起的生活经历会让他感到并不是所有人都对自己充满敌意。家庭生活经历越是困难，孩子越是容易对他的父母和其他小朋友产生恨意，并且还会怀疑和憎恨所有身边的人。孩子越是生活在孤立的环境中，越是不能丰富和拓展自己的经验，越容易滋生敌对情绪。最终，孩子越是掩盖自己对这个家庭的怨恨，例如遵从父母的意愿，就越会向外界社会投射更多的焦虑，以致非常确信地认为，这个“世界”是危险的、恐怖的。

对“外界”的这种一般性焦虑可能还会逐渐地发展和增长。在这种环境下长大的孩子，在与其他小朋友相处时，不敢像他们一样大胆和富有进取心。他会失去被人需要所带来的幸福，也会将一句无害的玩笑当作是一种残忍的拒绝。他会比其他的孩子更容易受伤，为自己辩护的能力也会下降。

由上面我所提到的这些因素或相似因素所引起的状况会在心中不断增长，在充满敌对的世界里会弥漫着孤独和无助。对于个人挑衅的敏锐反应很快会明确成一种性格态度，这样的态度并不能构成一个神经官能症患者，但它是一块肥沃的土壤，在任何时候都可能发展成特定神经官能症。由于这种态度在神经官能症中发挥着根本性的作用，所以我给它起了一个特别的名字：基本焦虑（the basic anxiety）。它与基本敌意（the basic hostility）不可分割地交织在一起。

在精神分析过程中，研究过所有不同形式的焦虑后，我们会认识到这样一个事实：基本焦虑存在于所有人际关系中。尽管个体焦虑可能是由实际原因引起的，但是即使在没有实际原因的情况下，基本焦虑仍然存在。如果将整个神经官能症的情形比作一个政治动乱的国家，那么基本焦虑和基本敌意就像是对政治制度的潜在不满和抗议，在任何一种情况下，表面都是一片祥和，但可能会通过各种不同的形式表现出来。在一个国家中，它们可能表现为暴动、罢工、集会、游行示威。在心理学领域，焦虑同样会通过各种症状显现出来。除了特别的挑衅原因，焦虑所有的表现形式都来自共同的背景条件。

在单纯的情景神经质（situation neuroses）中，基本焦虑是不存在的。情景神经质是对实际冲突情形的神经性反应，就那些个体而言，他们的自身关系并没有被扰乱。由于下面这个案例经常出现在心理治疗实践中，所以我们将其作为这一类案例的典型给予介绍。

一个四十五岁的妇女，抱怨自己在晚上的时候会心跳加速，忧心忡忡，并伴随着盗汗的症状。但是，在她身上没有发生任何器官病变，所有的证据都显示她的身体十分健康。她给人留下的印象总是热心肠、性情直率。二十年前，出于外界一些原因而不是她本人的意愿，她嫁给了一个比她大二十五岁的男人。她和他在一起特别幸福，性生活也很令人满意，并育有三个健康成长的孩子。她一直很勤劳，家务料理得很好，然而在最近的五六年里，她的丈夫莫名其妙地变得古怪起来而且性能力有所下降，她忍受了所有的事情，并且没有表现出任何神经官能症的反应。但是在七个月前，问题开始出现了，当一个和她同龄的、条件般配又可托付终身的男人出现后，她的注意力被瞬间吸引了。接下来她开始讨厌自己那个年老的丈夫，但是出于自己思想上和社会上对背叛的强烈看法，以及总体来说还算不错的婚姻关系，她把这种感情给完全克制住了。经过了几次交谈和帮助后，她开始能够公正地看待这种冲突性情景，并由此摆脱了焦虑。

为了更好地表明基本焦虑的重要性，最好的方法就是将性格神经官能症患者的个体反应与上述案例情况做出比较。后者出现在健康人身上，他们出于可以理解的原因能够有意识地解决冲突性的情景，也就是说，他们不能正视冲突的存在和冲突的本质，因此不能够做出明确的决定。两种不同类型的神经官能症患者的最大一点不同，就是情景神经质更容易取得显著的治疗结果。对于性格神经官能症病例来说，治疗会遇到很大的困难，结果不得不花上很长的时间，有时候治疗周期太长，导致很多患者都来不及等到那个时候。相比之下，情景神经质的问题更容易解决。为理解情景神经质所做的一次讨论，往往不仅是对症状的治疗，同样更是对病根的治疗。而在性格神经质的治疗中，因果治疗是通过改变环境来消除困扰的。①

因此，尽管在情景神经质中我们对冲突情景与神经性反应之间的强烈联系印象深刻，但并不意味着这种关系在性格神经质中就不会出现。由于基本焦虑的存在，最微弱的刺激也可能会引发最强烈的反应，稍后我们会对此有更详细的介绍。

尽管焦虑的表现形式或者对抗焦虑的保护措施的变化范围都是

---

① 在这些病例中，神经分析并不必要，也不可取。

非常广的，并且存在着一定的个体差异，但是基本焦虑多多少少还是一样的，它们仅仅是在范围或者强度上有差异。我们可以将其大致描述成一种自我感觉很渺小、无助、被抛弃和濒临危险的感觉，身处充斥着谩骂、欺骗、攻击、侮辱、背叛和嫉妒的世界里。我的一个病人在她自发画出来的一幅画中就传达了这种感觉。在画中，她是一个瘦小、无助、裸体的小婴儿，坐在画面中央，周围是各种具有威胁性的怪物、人类和动物，正准备要攻击她。

在精神变态中，人们会发现病人对这种焦虑的存在有着很高的自觉意识。妄想症患者的焦虑仅仅发生在一个或几个特定的人身上；而精神分裂症患者对周边世界潜在的敌意有很敏锐的自觉性，甚至由于太敏感了会将向他们展示的善意看作潜在的敌意。

然而在神经官能症患者中，很少有人能意识到基本焦虑或者基本敌意，至少没有人意识到在人的一生中它所具有的分量和意义。我的一个病人在梦里看到自己是一只小老鼠，为了避免被踩到，不得不躲进洞里藏起来——这无疑描述出了她在实际生活中的行为举止。这并不是一个不着边际的想法，事实上她非常害怕看到人，她也不知道自己在焦虑什么。对每个人最基本的信任的扭曲可以通过肤浅的信念来掩盖，即认为人们总体上来说还是挺可爱的，也可以用与他人敷衍性的友好关系来掩盖；对所有人怀有的蔑视心理可以通过随时随地的恭维来加以伪装。

尽管基本焦虑涉及的对象是人，但它可以完完全全剥离个人特性而转变成一种感觉，一种受暴风雨、政治事件、病菌、意外事故、变质食物威胁的感觉，一种被命运诅咒的感觉。对于受过良好训练的观察者来说，发现这些态度的基础并不难，但是要让神经官能症患者自身意识到自己的焦虑并不关乎病菌这类东西，而是人，则还需要经过高强度的精神分析工作。他对其他人的愤怒，不是或者说不仅仅是对某些实际刺激所做出的充分而又合理的反应，而是他对他人在整体上都存在着敌对情绪，他不相信所有人。

在解释基本焦虑对于神经官能症患者的内涵前，我们要讨论一个问题，一个在很多读者头脑里都可能有的困惑，对他人产生的基本焦虑或基本敌意——构成神经质主要的组成部分，难道不是一种几乎每个人都会有，只是程度稍轻的“正常”表现吗？当考虑这个问题的时候，我们需要区分两个观点。

如果“正常”一词是用在表示一般性人类态度上，那么我们可以说基本焦虑确实是一种正常的关系，它在德国哲学和宗教语言中被称作“生于忧患”（“Angst der Kreatur”）。这个词语想要表达的意义实际上是指，当我们面对比自己强大得多的力量——例如面对死亡、疾病、衰老、自然灾害、政治事件和意外事故——时会感到无助。我们第一次意识到这一点是在童年时的无能为力，但这种认识会一直停留在我们的身体中并持续一生。与基本焦虑一样，这种“生之苦恼”当面对外界强大的力量时会让人产生无能为力的感觉，但是有这些力量并不意味着敌意的产生。

然而，如果“正常”是相对于我们的文化而言的，那么我们可以说：总体上，在我们的文化中，如果他的生活没有足够的保障，那么经验会让一个趋于成熟的人在面对别人时有所保留，在选择信任别人的时候会更加谨慎，会越来越意识到人们的行为并不是很直率的，而是由胆怯和眼前利益所支配的。如果他是一个城市里的人，那么他会把自己也包括在其中；如果不是，他会在他人身上更清楚地看到这些问题。总而言之，他会形成一种态度，这种态度和神经官能症患者所持有的态度极其相似。然而，他们之间仍存在着这样的一些区别，年轻而成熟的人在遭遇人生的失败时并不会感到无助，在他身上也不会发现类似神经官能症患者那样不分青红皂白的倾向，他仍然保持能给予美好和真挚友谊的能力，并且会相信它。或许这些区别可以通过这样的事实加以解释，健康人是在能够解决这些不幸的时候遭遇了人生的各种不幸，而神经官能症患者是在不能掌控这些遭遇的时候遇到了不幸，因为无力面对的结果，他们产生了焦虑。

基本焦虑对个人、对自身以及对他人有着特定的内涵，当基本焦虑发生的时候会伴随着自我的内在软弱感，这种情感上的孤独会让人更加痛苦。由于对他人存在着深深的不信任和敌意，所以在想要依赖他人而又不能实现的时候，就埋下了潜在冲突的种子。它意味着由于内在的软弱使这个人想要把所有的责任都归在别人身上，希望自己能受到包容，被好好地照顾；然而由于内在基本敌意的存在，又导致他不能过多地信任并实施这一方案，这个人就不可避免地将更多的精力放在寻找安全保障上。

这种焦虑越是无法忍受，保护性手段越是要准备得彻底。我们的文化中有四种主要的方法来保护个人抵抗基本焦虑：爱、顺从、权力和退缩。

第一种，一份不管是什么形式的稳定爱情，都会是对抗焦虑的强有力的保护措施。其信条就是：如果你爱我，你绝不会伤害我。

第二种，根据是否关乎特定的人或者制度，顺从可以再粗略地进行细分。例如，在对标准化传统观点的顺从中，对一些宗教仪式或者有权势的人物的顺从会存在特定的顺从焦点。顺从这些规则或者遵守这些需要就成了所有行为的决定性动机。这种态度有时会不得不采取“听命”的形式，尽管具体的“听命”形式会根据所要遵从的需要和规则的不同而不一样。

当遵从的态度不再依附于任何制度或者个人时，就会采取更一般化的形式，顺从所有人的一般愿望，避免任何可能会引发憎恨的事情。在这些情况下，个人会抑制自己的所有需求，抑制对他人的批判，宁愿让自己遭受侮辱也不做任何反驳，并愿意无分辨性地对其他人好。偶尔会有人意识到这样的事实，即焦虑藏在行为当中。但是通常情况下，他们并不知晓，并且坚定地相信他们之所以会这样做，是出于一种大公无私和自我牺牲的理想，这种理想是如此远大，甚至让他们放弃了自己的愿望。无论是确定形式下的顺从还是一般性的顺从，他们的信条是：如果我退一步，我就不会受到伤害。

顺从性的态度也可以通过爱来达到寻求安全保障的目的。如果爱情对于一个人非常重要，那么他生命中的安全感会在很大程度上依赖于爱情，他愿意为此付出任何代价，这意味着原则上他会顺从别人的愿望。然而，更经常出现的情况是人们无法相信爱情，那么这种遵从的态度会直接导向于寻求保护而不是赢得爱情。这种情况下，人们只有通过严格的顺从才能感受到安全感。他们心中有强烈的焦虑感，不信任爱情这种东西，所以实现爱的可能性也几乎为零了。

第三种，企图获得对抗基本焦虑的保护是通过权力来实现的——通过努力获得实际上的权力、成功、占有物、崇拜，或智力上的优越感来获得安全感。在这种企图获得保护的尝试中，其信条是：如果我有权力，别人就不能伤害我。

第四种，获得保护的方式是退缩。它和之前所说的三种保护方式存在一个共同点：都存在着想要与这个世界进行角逐的某种意愿，用一种或者另外几种方式来解决问题。然而，保护还可以通过从整个世界中退缩来获得。这并不意味着钻进一片沙漠或者过着完全与世隔绝的生活。它指的是实现对他人的独立性，因为一个人的外在或者内在需要再也不会受到影响了。就像拥有大量的占有物，占有的动机与寻求权力或者影响力是完全不同的，而且占有的方式也不尽相同。只要占有或者囤积财物的目的是从他人身上获得独立，通常在享受这些财物的时候就会给他们带来更多的焦虑，并且会带有一种吝啬的态度，因为这样做的唯一目的就是要对各种不测事件做出保障。另外一种实现外在独立性的途径则是最大程度地压缩个人需求。

例如，内在需要的独立性可以通过情感上与他人脱离联系来实现，这样一来就不会有伤害或者失望了。这意味着要遏制住个人的情感需要，这种和他人情感脱离的表现就是不在乎任何事情，包括他自己。这一态度经常会在知识分子圈内发生，不拿自己当回事并不是说认为自己不重要而感到挫败，事实上，这些态度可能也是互相矛盾的。

这些退缩的方式和顺从或者屈服的方式存在着相似之处，因为二者都涉及对个人意愿的放弃。然而对于后者来说，放弃是为了获得安全感而更好地“听命”，或者说是为了更好地遵从他人的意愿。而对于前者来说，“听命”的想法根本不存在，放弃的目的就是想从他人身上获得独立性。因此，他们的信条是：如果我退缩了，我将不会受到伤害。

为了估计这些用于抵御基本焦虑的方式在神经官能症患者中能发挥多大作用，有必要考虑一下它们的内在强度。它们并不被一种满足快乐或者幸福的愿望所推动，而是为了获得保障的一种需要。然而，这并不意味着与内在驱动力相比，在某种程度上它们不具有影响力或者影响力没有那么大。例如，经验表明，为了实现自身志向而为之奋斗所带来的影响和性冲动的影响是一样大的，甚至还要更强大。

只要现实条件允许这样做，片面追求这四种方式中的任何一个都能够有效地实现他们所追求的保障。然而，通常情况下，这种片面的追求会带来人的人格在整体上出现萎缩的副作用。例如在一个需要女人服从家庭或者丈夫、遵守传统规范的文化下，一个女人采取了顺从的方式就会得到内心的安宁和很多次要的满足感。如果一个君主永不停息地追求权力和财富，那结果同样会获得内心上的安全感和事业上的成功。然而事实却是，通过直线的方式追求目标通常会遭遇失败，因为想要的东西太多了，或者由于太缺乏考虑和计划而使自己陷入了与周边环境的冲突中。从潜在的焦虑中获得的安全感并不是通过一种途径，而是多种途径，但这些途径本身又是不兼容的，这是很常见的。因此，神经官能症患者可能会被一种不可避免的力量驱使着想要主导每一个人，同时又想被所有人关爱和呵护；想要顺从其他人的愿望，同时又想要将自己的意愿强加到别人身上；想要和他人脱离情感联系，同时又渴望得到他人的爱。往往就是这些完全不能解决的冲突构成了神经官能症的核心动力。

最容易招致冲突的两种方式就是对爱的追求和对权力的追求，因此，在接下来的章节里，我会对这些内容做进一步的详细分析。

我所描述的神经官能症的结构总体上和弗洛伊德的理论并不冲突，即神经官能症在本质上是内在驱动力与社会需求或者是“超我”展现形式之间的冲突。尽管我认同个人追求与社会压力之间的冲突是每种神经官能症不可或缺的引发条件，但是我并不认为这是一种充分条件。个人愿望和社会要求之间的冲突并不一定会导致神经官能症的发生，却有可能导致事实上的人生限制，也就是对于欲望单纯的克制和压抑，或者用更简单一点的话来说，就是会遭受现实中的痛苦。只有当这种冲突导致焦虑产生了，而且企图缓解焦虑的防御性措施反过来导致了种种不可抗拒的倾向发生，但彼此之间又互不相容时，人们才会患神经官能症。

第六章　被爱妄想综合征

毫无疑问，在我们的文化背景下，保护个人对抗焦虑的这四种方式在很多人的生活中都发挥了决定性的作用。有些人最重要的追求就是得到他人的爱或者认可，有些人更是不惜一切来实现这一愿望。这些人的行为都有一种遵从、屈服、没有主见的倾向。有些人的全部追求就是获得成功、权力或者专有物，而有些人则想把自己隔离开来，以保持独立性。然而，人们可能会有这样的疑问，是不是人们所做出的这些追求都是对抗基本焦虑的保护行为？难道这不是人类正常范围内的本能表达吗？这种反驳观点错就错在把问题看成了是非的形式，非对即错。事实上，这两种观点既不矛盾也不互相排斥，对爱的渴望，对顺从的倾向，对成功和影响力的追求，以及退缩的倾向，会发生在我们每一个人身上，只是结合的形式各种各样，没有一点点神经质的倾向。

然而上文所述的这种或那种倾向可能会是某些特定文化中的主导态度，这些事实再次证明这些倾向完全可能是人类的正常潜能。正如玛格丽特·米德（Margaret Mead）所描述的那样，在阿拉佩希文化（Arapesh culture）中，对爱情的态度、对母爱的态度和对他人愿望的顺从占据了文化的主导地位。鲁思·本尼迪克特（Ruth Benedict）曾指出，以一种残酷的形式追求威望是夸基乌特尔人（Kwakiutl）公认的行为模式；而佛教中的主导倾向则是从大千世界中抽身而退。

我并不主张否定这些驱动力的正常特性，而认为这些内在趋势都可以为对抗焦虑提供保障。此外，在获得这些保护性作用的同时，它们可以改变自身的性质，变成完全不同的东西。我们可以通过类比的方式来更好地解释这种区别，为了证明自己的力量和技巧，想站在高处看看远方的风景时，我们可能会爬上一棵树，或者由于被凶猛的野兽追杀也有可能会爬上一棵树。虽然在这两种情况下我们都爬上了树，可我们爬上树的动机却是不同的。在第一种情况下，我们这样做是为了追求快乐的需要；在第二种情况下，我们是被恐惧所驱使或者出于安全性的需要不得不这样做。所以，在第一种情境下爬与不爬完全是我们自己的自由，而第二种情境则是出于严格意义上的必要性，被迫这样做的。所以，在第一种情况下，我们可以寻找哪棵树最符合我们的要求；而在另外一种情境下我们别无选择，只能选择离自己最近的那棵树，或者不一定会是树，也可能是旗杆或者房子等只要能实现防护的东西。

驱动力的区别还会导致感受和行为上的不同，如果我们是被一种直接的、希望获得满足的愿望所驱使，那么我们的态度会具有自发性和分辨性。然而，如果是受到焦虑的驱使，那么我们的行为和感受则是受强制的，没有任何选择的余地。可以确定的是，其中还存在着中间阶段。在本能的驱动力中，诸如饥饿感和性欲中，它们主要是由匮乏的生理紧张所决定的。有时生理紧张会积累到一定程度，使人的满足感具有一定程度的强迫性和无选择性，这些性质本应该是由焦虑所决定的驱动力的特性。

而且在所获得的满足感中也存在着差异，一般来说就是获得快乐和满足感之间的区别，[①]然而这种区别一开始出现的时候并不是很强烈。由本能驱动——例如饥饿感或者性欲——所带来的满足是令人愉悦的，如果生理紧张一直受到克制，那么所获得的满足感和从焦虑中解放出来而得到的满足相类似。在这两种情况下，人们都是从一种难以忍受的紧张中解脱出来。从强度上来说，快乐和安全感可能是同等强烈的。尽管在形式上会有所区别，但是性的满足可能会与一个突然从紧张的焦虑中解脱出来的人的满足同样强烈。一般来说，对于安全感的追求不仅可以像本能驱动力一样的强烈，还会产生同等强烈的满足感。

---

① 沙利文在《关于社会科学研究中精神病内涵的札记：人际关系研究》（载于《美国社会学杂志》，第43卷，1937年）一文中曾经指出，对于满足感和安全感的追求体现了调节人生的一种基本原则。

对于安全感的追求，正如在之前的讨论中所说的那样，也包含了其他次要的满足。例如，除了获得安全感之外还会收获一种被爱和被欣赏的感受，一种获得成功和影响力的感受，还可能是一种极其满足的感受。我们马上会讲到，获得安全感的不同途径会使积压的敌意释放出来，从而又提供另外一种消除紧张的感觉。

我们已经看到焦虑是特定驱动力的背后驱动力，而且我们也已经调查到，最重要的驱动力就是以这种方式产生的。现在我将进一步详细地解释一下在神经官能症患者中发挥最大作用的这两种驱动力的不同：对爱的渴望与对权力和控制的渴望。

对爱的渴望在神经官能症患者身上很常见，很容易被训练有素的观察员看到，从而经常被当作判断是否产生焦虑及焦虑强度的可靠指标。如果一个人从根本上认为这个世界充满了不可避免的威胁和敌意，是一个令人无助的地方，这时候对爱的寻求，就会是获得任何形式的仁爱、援助或赞赏的最直接、最符合逻辑的方式了。

如果神经官能症患者的精神情况和他们通常想象的情况是一样的，那么对他们来说获得爱就是一件很容易的事情，如果我隐约说出了他们通常感觉到的事情，那么他们就会给人们留下这样的印象：他们想要的东西是如此微乎其微，只是想要那些人对他们善良一点，给他们一些建议，对他们那可怜、无害而又孤独的灵魂予以一些同情；但是他们又会为了取悦别人而感到焦虑，为了不伤害他人的感情而头疼。这就是他们所看到的和所感受到的。他们根本没有意识到自己有多么敏感，自己潜在的敌意是如何干扰了自己与其他人的关系；同样，他也不能判断自己给别人留下了什么样的印象，或者别人对他做出了什么样的回应。结果，他一头雾水，不知道为什么自己的友情、婚姻、爱情和事业都不能令人满意，他试图把这归咎于别人，他们不够体贴、不够忠诚、不够道德，或者出于一些无法知晓的原因，他们认为自己缺乏受人欢迎的天赋，因此他们开始追求爱的幻影。

如果读者还记得，我们之前所讨论过的焦虑是如何通过抑制敌意而产生，并且又是如何反过来助长了敌意，换句话说，焦虑和敌意是如何不可分割地交织在一起的，他就能认识到神经官能症患者思维方式中的自我欺骗，以及失败的原因。在不了解这一事实的情况下，神经官能症患者处在一种缺乏爱的能力但又极度需要从他人身上获得爱的两难困境中。我们不得不停在这里，回答一个看似简单实际却又非常难回答的问题：什么是爱？在我们的文化中爱到底意味着什么？人们有时会听到一种对爱的随随便便的定义，即爱是一种能给予感情并且也可以获得感情的能力。尽管其中包含了一部分真理，但是它太过笼统了，不能对我们所遇到的问题做出解释。我们大多数人在有些时候都会充满爱，但那并不意味着我们具备爱的能力，其中需要考虑的最重要的因素就是产生爱的态度：是对他人产生积极态度的一种表达？还是害怕失去对方的与生俱来的恐惧感？或者只是想要将他人玩弄于股掌之间？换句话说，我们不能拿任何表现出来的态度当作判断标准。

尽管很难回答什么是爱这个问题，但是我们可以很确定地说出什么不是爱，或者什么要素是和爱相违背的，人们可能会完完全全地喜欢上一个人，但是有时候也会对他生气，否定他的某些愿望或者想要一个人静一静，但是这种有限度的愤怒反应或者退缩态度和神经官能症患者所具有的态度是完全不同的。神经官能症患者无时无刻不在防备着别人，认为他人对第三方的任何兴趣都是对自己的一种忽视，并将任何需要都解读为一种强迫，将任何批评都视为一种侮辱，这并不是爱。同样，爱是允许别人对某种品质或态度提出建设性意见的，如果可能的话，还会帮助他们改正不正确的态度，但是爱并不会像神经官能症患者一样为了追求尽善尽美而提出令人无法容忍的要求，一种暗含敌意的要求：如果你不是完美的，滚蛋吧！

我们还认为如果一个人要达到某种目的而将他人当作一种手段，也就是说，仅仅是或者主要是为了满足他的某种需要，这种情况和我们观念里的爱也是不相容的。在婚姻里，这一点很明显地表现为仅仅是为了得到性满足或者是为了赢得威望才与人结婚，在这里我们同样很容易混淆问题，尤其是当这种需要是关乎心理的本质时。人们可能在心里自欺欺人地以为自己爱着对方，而事实上只是出于一种盲目崇拜对方的需要而已。然而，在这种情况下，只要他开始持有一种挑剔的态度，对方很可能会被突然地放弃或者仇视，因为那个人之所以被爱就是因为他陷入了盲目的崇拜中。

在讨论什么是爱什么不是爱的过程中，需要格外小心，但不可矫枉过正。虽然出于某种需要而利用被爱的对方并不算是真正的爱，但是这并不意味着爱是完完全全利他的，那种富有自我牺牲精神的、不需要对方身上任何东西的感情也不叫爱。那些表现出这种信念的人，恰恰表露出自己不愿意付出爱的心理，并不表明他们有一种深思熟虑的信念。当然，我们希望能在自己喜欢的人身上得到一些东西——我们想得到满足、忠诚、帮助；我们可能也想在必要的时候得到一点牺牲和奉献。一般来说，能够表达这样的想法或者以此为奋斗目标，才是心理健康的特征。爱与被爱妄想综合征的最大区别就在于：在真正的爱里面，爱的感受是最主要的；而在被爱妄想综合征中，最主要的感受则是获得安全感，对爱的幻想是次要的。当然其间还有各种各样的过渡性状况。

如果一个人因为想要获得对抗焦虑的安全感而需要另一个人的爱，那么通常情况下，这个问题在他清醒的头脑中会被混淆。因为他根本没有意识到自己充满了焦虑，并因此为了获得安全感而不顾一切地想要获得任何形式的爱。他所能感觉到的只能是自己喜欢这个人或者信任这个人，或者自己很迷恋这个人。然而他所感觉到的爱可能只是对某些仁慈所做出的感激的回应，也可能是由某个人或情景所唤起的希望或者感激。那些能够通过明显或暗示的方式唤醒他对爱的期望的人会自动被赋予重要性，他的感情会显现在对爱的幻想上。这种期望会通过一些简单的事实被唤醒，比如一个有权势、有影响力的人或者一个站在面前能给人安全感的人对他非常友善，这种期望可能会通过色欲或者性欲的高涨而激发，尽管这些和爱并没有太多的关系。他们会依赖于某种形式的现存关系，这种关系下面暗含着给予帮助的承诺或者情感的支持：与家人、朋友、医生的关系。很多种关系都以爱的名义做幌子，也就是说存在着一种主观依恋的想法，爱仅仅是借助他人来满足自己的需要。这并不是可靠的真挚感情，因为一旦有愿望没能得到满足，这段感情的真实面目就会被揭露。在这些例子里，构成我们爱的观念中的重要组成因素，例如可靠、坚定等，是根本不存在的。

缺乏爱的能力的根本特征已经不言而喻了，但是在此我想要做一个特别的强调：抛开对方的人格、个性、局限性、需要、愿望和发展。不考虑这些因素的部分原因在于焦虑。这种焦虑促使神经官能症患者抓住对方紧紧不放，如同人溺水之后会抓住身旁游泳的人不放，通常并没有考虑到别人是否有意愿或者能力来救他上岸一样。这种忽视对方态度的做法同样也是对他人存有基本焦虑的部分表现，这种基本敌意的最普遍内涵就是轻视和妒忌。它通常会通过不顾一切的努力甚至是做出牺牲来获得别人的体贴，但这通常并不会阻止一些意外事情的发生。例如，妻子可能会主观地坚信自己深爱着丈夫，但是会在她丈夫把时间花在工作、个人兴趣或者与朋友的相处时而嫉恨或抱怨。一位有过度保护欲的母亲确信她为了孩子的幸福愿意付出一切，但是她根本不把孩子独立发展的需要放在心上。

将追求爱作为保护性手段的神经官能症患者很难意识到自己不

具有爱的能力，他们中的大多数人会错误地认为他们对其他人的需要是出于爱，不管是对于个别人还是全人类。他们有一个迫切的理由来维持和捍卫这一错觉的存在，一旦放弃这一错觉就意味着自己会马上对周边的人怀有敌意，但是又想得到他们的爱，而这是一种两难的困境。人们不能在鄙视、怀疑，想要毁掉他人的幸福和独立的同时，又渴望得到他的感情、帮助和支持。为了实现在现实生活中根本不相容的两种情况，我们必须严格地将敌对的态度从意识里驱逐出去。换句话说，对爱的幻觉尽管是将真挚的喜爱与需要混淆了，但这又是一种可以理解的做法，因为它具有的特殊作用使对爱的追求变得可能。

神经官能症患者在满足对爱的饥渴的同时还存在着另外一个问题。尽管他暂时得到了自己想要的爱，但他还是无法真正地接受这份爱。人们可能会期望他接受任何被给予的爱，就像一个口渴的人得到了水一样的急切。事实上这种情况会发生，但只是暂时性的。每一位医生都知道为人和善、体贴入微的后果是什么。什么都不做，仅仅给病人提供热情的医疗关怀并进行彻底的全身性检查，病人身体上或者心里面的问题可能会马上消失。即使是很严重的情景神经官能症，当病人感觉到自己被爱的时候，也是有可能会全部恢复的。伊丽莎白·巴雷特·布朗宁[①]就是这种情况的最著名的例子。即使是性格神

① 伊丽莎白·巴雷特·布朗宁（Elizabeth Barrett Browning，1806—1861）英国著名女诗人，童年时因从马背上摔落而长期瘫痪，后来因丈夫罗伯特·布朗宁对她的热爱和关怀而奇迹般地康复了。

经官能症，这样的关心不管是出于爱、好奇还是作为医生的关怀，都能减轻病人的焦虑，从而使情况大大得到改善。

无论是什么形式的爱都只能给他提供一种表面上的保证，甚至能获得一定的幸福感，但是他在内心深处却并不相信，或者会充满怀疑和恐惧。他并不会去认真地相信这些，因为在他的心里认为可能没有人会爱他。这种无法被爱的感觉是一种有意思的信念，事实上与之相反的任何经验都不可能撼动这一信念。的确，它可能因为被视作是理所当然的存在而不被反映在意识里，尽管难以用言语来表达，却是个不争的事实。当然，它很有可能通过一种“我不在乎”的态度掩饰其本来的面目，通常人们将其解读为一种自负，这样就很难被人发现了。无法被爱的想法和没有爱的能力是如此接近与相像，事实上，这就是一种爱的能力不足的意识反应，能够被他人真诚喜欢的人从来不会怀疑别人是否真的喜欢他。

如果这种焦虑根深蒂固，那么给予的任何感情都会被怀疑，并且马上就可以做出判定，认为这种感情的给予出于一种不可告人的动机。例如，在精神分析的过程中，这样的病人会觉得心理医生仅仅是为了完成自己的宏伟志向才想要帮助他们，他所说的任何感激性和鼓励性的话语都是为了治疗的需要。我的一个病人曾经认为当她情绪低落的时候，我花周末的时间前去看她是想正面地侮辱她。公开表达的爱很容易被他们认为是一种嘲讽。如果一个很有魅力的女孩对一位神经质男士公开示爱，那他会认为那是一种嘲笑，甚至是一种赤裸裸的挑衅，因为他绝对不会想到女孩是真的很喜欢他。

爱上这样的一个人不仅仅意味着会遭到怀疑，还会引发正面的焦虑，认为屈服于一段感情就像是一只昆虫被困在蜘蛛网中一样，或者认为相信一段爱情就意味着脱掉自己的盔甲生活在食人族当中一样，会时刻面临被吃掉的危险。当神经官能症患者越是面对自己是可以拥有真诚感情这样的事实时，越是会感到恐慌。

最后，爱的证实可能还会引发神经官能症患者失去自主的恐惧。情感上的依赖，正如我们马上要看到的一样，对那些脱离了爱就不能活的人造成了真正威胁，任何有些许相似的事情都会引发一场不顾一切的顽强抵抗。这样的人不惜一切代价来避免自己产生任何形式的正面感情回应。因为任何快速的回应都会引起失去自主的危险。为了避免这种情况的发生，他必须盲目地蒙蔽自己来对抗这样的一种意识——即他人是善良的、是热心的，还会莫名其妙地想方设法摒弃任何可以证实爱的证据，并坚持自己的想法，认为别人都是不友善的、不真诚的，甚至是恶毒的。这种方式产生的情景就像是一个快要饿死的人想要吃东西但又担心食品有毒一样。

总之，那些受基本焦虑驱使的人，出于保护自己的目的来寻求爱，得到那种梦寐以求的爱几乎是不可能的，产生这种需要的情景，本身就妨碍了这种需要的满足。

第七章　被爱妄想综合征的进一步特征

大多数人都希望自己能够被喜欢，因感觉到自己受欢迎而高兴，如果不被他人喜欢，这会产生怨恨。对于一个孩子来说，感觉到自己被需要，就像我们之前所说的那样，对他以后的和谐发展极其重要。那么被认为是被爱妄想综合征的典型特性是什么呢?

我认为武断地称之为幼稚的需要不仅会错怪儿童，而且还会忘记形成被爱妄想综合征的根本原因与所谓的幼稚没有任何关系。幼稚和神经性需要仅有一点共同之处，那就是都会感到无能为力，尽管这两种情况的基础是不同的。除此之外，被爱妄想综合征是在不同的前提条件下发展起来的。重复一遍，这些先决条件有焦虑、感到不能被爱、无法相信任何感情、对所有人怀有敌意。

在谈到被爱妄想综合征的时候，我们首先想到的特征就是强迫性。无论在什么时候，当人们被强烈的焦虑所驱使时，其结果必然是失去自发性和灵活性。简而言之，对神经官能症患者来说，一份爱不是一种奢侈品，也不是额外的力量源泉和快乐的源泉，而是一种维持生命的必需品。区别就在于，一个是“我希望能被人爱，我很享受被爱的感觉”，而另一个是“无论花多大的代价，我必须被爱”。或者，这种区别就像一个人由于胃口很好而吃了美食，他很享受美食并对美食的选择有一定的讲究，而另一个人就快要饿死了，他必须不惜任何代价，没有任何选择地去狼吞虎咽一顿饭。

这种态度必然导致被人喜欢所具有的实际意义被过高地评估了。事实上，被人喜欢并不像神经官能症患者想象的那么重要，也只有被那些特定的人喜欢才会对自身有重大意义，比如我们关心的人，我们愿意一起生活和工作的人，或者我们希望能给其留下好印象的人。除此之外，别人是不是喜欢我们也就变得无关紧要了。①然而，神经官能症患者却感到并表现出他们的存在、快乐和安全感都是依赖于自己是被人喜欢的。

这种愿望会不加区分地存在于每个人身上，从理发师到聚会上遇到的一个陌生人，再到同事、朋友，或者所有女人身上、所有男人身上，都会发生。因此，一声问候、一通电话或一份邀请，带有的些许热情或冷淡都会改变他们的心情以及他们对整个人生的看法。在这

---

① 这种说法在美国可能会遭到反驳，因为在美国，文化因素已经渗透到生活中，被人喜欢已经成为人们所追求的目标之一，所以具有其他国家所不具备的重大意义。

里我需要提到一个与之相关的问题，那就是他们在不同程度上不能独处，他们之中可能会有人感到些许坐立不安，甚至还有人会因为孤独而产生某种恐惧。在这里我指的并不是那些百无聊赖，独处一隅就索然无味的人，而是指那些聪明机智、精力充沛，只要不是一个人就能很好地享受生活的人。例如，通常人们会发现这样的一类人，只有在身边有人的情况下才能够工作，如果要他们一个人工作，他们就会感到不安和不快乐。可能有其他的因素使他们需要有人陪伴，但总体来说，他们会表现出隐约的焦虑，需要获得关爱，或者更准确一点说，需要某种人与人的接触。这些人会有一种在世间悲惨流浪的感觉，与人之间的接触对他们来说是一大安慰。像在实验过程中，人们有时会看到这种不能独处的能力往往都伴随着焦虑加剧。一些病人只要觉得自己周边有一堵保护性的墙，就会感觉自己受到了庇护，那他们就可以独自待在那儿。但是只要这种保护性的措施被精神分析有效地攻破，焦虑就又会被激发，突然间他们发现自己再也不能忍受孤独了。这种过渡性的损伤在患者的精神分析过程中是无法避免的。

被爱妄想综合征可能会集中在一个人身上——丈夫、妻子、医生或者朋友。如果是这种情况，那这个人的忠诚、关怀、友情以及这个人的出现，都会显得至关重要。然而，这种重要性却存在着互相矛盾的特征。一方面，神经官能症患者需要他人的关怀和陪伴，害怕自己不被喜欢，如果那个人没在身边就觉得自己被人忽略了；另一方面，如果他发现自己和偶像在一起的时候根本不开心，当他能意识到这一矛盾时，他通常就会产生疑惑。但是基于刚才我所说的，很明显期待对方出现的这个愿望所表达出来的并不是真正的喜欢，而仅仅是出于获得安全感的需要，即通过对方就在身边这一事实来提供的一种安全感。（当然，一种真挚的喜爱和需要爱的安全感可能会同时存在，但它们并不一定吻合。）

对爱的渴望可能仅仅局限于某些特定群体，很可能是那些有共同爱好的人，例如政治或宗教群体，或者在某一种性别的人身上。如果获得安全感的需要局限在异性身上，这种情况表面上看起来可能会是“正常的”，那么与这个人相关的人也会为这种现象辩解，说它是正常的。例如，有这样一群女人，只要身边没有男人围着她们，她们就会觉得自己的生活充满了痛苦和焦虑；她们会开始一段新感情，但过不了多久就会中断，再次感到痛苦和焦虑，然后又开始新的一段，如此循环往复。这些关系里包含着冲突和不满足，所以这并不是对爱、对男女关系的真正渴望。这些女人宁愿不加选择就和一个人在一起，仅仅是因为想有个男人陪在身边，并不是真正地喜欢他们，通常她们也并不能得到身体上的满足。当然，事实上整件事情要更加复杂，我只是强调了焦虑和对爱的渴望在里面所发挥的重要作用。①

人们也会在男人身上发现相同的模式：他们会有一种希望被所有

---

① 参看卡伦·霍妮：《对爱的过高评价：今日女性的共同心理》，载于《精神分析季刊》，第3卷（1934年），第605—638页。

女人喜欢的强迫心理，与其他男人在一起的时候会感到不安。

如果对爱的渴望集中在同性的身上，这就可能是潜在的或者明显的同性恋的一种决定因素。如果通向异性的道路存在太多的焦虑，那么对爱的渴望可能直接朝向同性。不用说，这种焦虑不会显现出来，而是通过一种对异性的厌恶或者不感兴趣来掩盖。

由于获得爱对神经官能症患者来说至关重要，所以他们会不惜一切代价，而且几乎自己都不知道自己在这样做。最通常的付出代价的形式就是在态度上顺从，在情感上依赖。顺从的态度表现为不敢反对或者批判别人，而且不断地展现自己的忠诚、敬仰和驯顺。如果这种类型的人允许自己说出批判性的或者贬低性的话语，他们会感到非常焦虑，哪怕这些话并不具有伤害性。这种顺从的态度会强烈到让神经官能症患者不仅扼杀掉激进的冲动，还有所有自我肯定的倾向，还会让他们任凭自己深受侮辱，做出任何形式的牺牲，不管对自己的害处有多大。例如，他的自我克制会表现为宁愿自己去得糖尿病，只是因为他希望从中得到爱的那个人对研究糖尿病感兴趣，这意味着患有这种疾病或许可以引起那个人的关注。

与这种顺从的态度非常相像并交织在一起的是情感依赖，这来自神经官能症患者想要抓住那个给出保护性承诺的人。这种依赖不仅会造成无穷的痛苦，还有可能具有十足的破坏性。例如在一段关系中，一个人会无助地依靠另外一个人，尽管他心里十分清楚这段感情是脆弱的。如果得不到一句关爱的话或者一个甜蜜的微笑，他会感觉整个世界都成了碎片。他等的一个电话迟迟不来，就会感到焦虑，如果对方躲着不去见他，他内心会感到万分痛苦。但他就是不能摆脱这种关系。

通常，情感依赖的结构是更加复杂的。在一段感情中一个人依赖另一个人后，总是会产生大量的憎恨。依赖的那个人恨自己被奴役，恨自己不得不顺从，但是仍然会选择去这样做，就是因为担心会失去另一方。他不知道是自己的焦虑造成了这样的困境，他会轻易地认为自己的屈服是另一个人强加在自己身上的。憎恨基于被克制的基础不断地滋生，由于对另外一个人爱得太痛苦，这种抑制反过来滋生了新的焦虑，结果就会更需要一种安全感，从而强化了依赖对方的这种冲动。因此，对于某些神经官能症患者来说，情感依赖产生了一种很现实又非常合理的理由，即他们的生活正在被毁灭。当这种恐惧最强烈时，他们会试图通过不依附于任何人来防止自己失去独立性。

有些时候依赖的态度在同一个人身上也会发生改变。在经历了一段或者几段痛苦的经历后，他会盲目地抗拒一切与这种依赖大体相似的态度。例如，一个女孩经历的几段感情都以失败告终，而在这些感情中她都是拼命地依赖于对方。最终她产生了一种要远离所有男人的态度，只是想把他们玩弄于股掌之间，而不付出任何真心。

这一点也明显地表现在病人对待精神分析医生的态度上。本来病人出于自身利益可以利用分析的时间来更好地了解自己，但他们却忽视了这一点而是努力地取悦医生，赢得医生的关注和认同。他们有非常充分的理由想要尽快结束治疗，因为在治疗的过程中他们会遭遇一些痛苦或者要做出一些牺牲；或者，他们时间有限。这些理由有时候看上去和病人毫不相干。但是，病人会花费大量的时间滔滔不绝地讲自己的故事，只为了赢得心理医生认同的回应；或者他会尝试让每次治疗对心理医生来说都非常有趣，以设法让心理医生高兴并表示对他的赞赏。这种情形可能发展到病人在联想或者梦境中都希望能够引起心理医生的注意并受其支配；或者迷恋于心理医生，认为除了心理医生的爱自己什么都不在乎，并且想要用自己的真挚感情来打动心理医生。这种情形下，这种没有分辨性的选择倾向表现了出来，他们认为每一个心理医生都是人类价值观的楷模，或者说完美地符合了每一个患者的期望。当然这个心理医生很有可能是个病人无论如何都会爱上的类型，但即使是这样也不能解释心理医生在情感上对病人具有的重大作用。

这就是人们通常所说的“转移作用”（transference）。但是，这个术语并不十分准确，因为转移作用应该涉及病人对心理医生所有非理性行为的总和，并不单单指感情依赖。这个问题在于为什么感情依赖会发生在治疗期间，因为需要这种保护的病人会抓住任何机会，包括任何一个医生、社会工作者、朋友、家庭成员。为什么这种感情会格外强烈，发生得如此频繁？答案相对来说比较简单：除了其他作用外，精神分析能够攻克病人建立起来的对抗焦虑的围墙，因而能激发潜伏在这些保护墙后面的焦虑。正是因为这样才会使焦虑有所增加，病人以一种又一种方式紧抓心理医生不放。

在此我们发现了它与儿童对爱的需要的不同地方：孩子相对成年人来说需要更多的爱或者帮助，因为他们是更无助的，但是在这种态度中并不掺杂任何强迫性的因素，只有已经懂事的孩子才会抓着母亲的裙边不放。

被爱妄想综合征的第二个特征，同样也是和儿童性需要完全不同的地方，那就是永不知足。确实，一个孩子会制造一些小麻烦来赢得更多的关注，不断地证明自己是被爱着的，在这种情况下，这个孩子就是个患神经官能症的小孩。一个在温暖而有责任感的家庭成长的孩子会去确定自己是被需要的，但并不需要不断地去证明这个事实，在需要帮助的时候获得帮助也会让他们感到很开心。

神经官能症患者的永不知足的特性总体上会表现为贪婪，体现在吃东西的时候狼吞虎咽、疯狂购物、疯狂逛街和缺乏耐心。大多数时候贪婪的欲望都会被克制，然后又突然间爆发，比如一个人平时购物非常节制，却一口气买了四件大衣，可能表现为一种像海绵吸水一样的更温和的方式，或者如章鱼进攻一般更激进的方式。

贪婪的态度以及其所有的不同表现形式和随之而来的抑制作用通常被称作“口唇欲”，[①]而且在精神分析文献中已有精彩的描述。尽

① 卡尔·亚伯拉罕：《性欲的发展历史》，载于《新的工作分析理论》，第2卷（1934年）。

管构成这一术语的理论概念是非常有价值的，因为它能将迄今为止分散的倾向整合成综合征，并提出假设认为这些倾向都来源于口唇的快感，但这种想法本身是值得怀疑的。它所给予的观察结果在于贪得无厌，通常表现在对事物的需求以及吃东西的方式上，同样在梦里也会以更加原始的方式表现出同样的倾向，例如在食人族的梦中。然而这些现象并没有证明，它们在原始的本来意义上可以归结于口唇欲。因此，看起来更加站得住脚的假设就是，在通常情况下吃是能够满足贪婪欲的最可行方式，不管这种贪婪欲的来源是什么，就像在梦里吃东西是一种表达贪得无厌欲望的最具体和原始的方式一样。

认为“口唇欲”或者这种态度具有表达性欲的特征的观点同样需要一个证明来予以支持。毫无疑问，贪得无厌的态度会出现在性方面——表现在实际上对性的贪得无厌，但是同样还会表现在对衣服和金钱的占有方面，或者对权力和名望的追逐上。那么，在所有能够拿来证明这种性欲的假设中，只有贪得无厌的热衷强度和性欲驱动的强度是相像的。然而，除非人们做出这样的假设，即认为每一种激情的驱动都是带有性欲的，否则还是要通过一些证据来证明这种贪婪是一种性发育前期的性冲动。

贪婪的问题十分复杂，至今都没有得到解决。就像强迫性确实是由焦虑驱动的一样，事实上很多证据可以表明贪婪也是受焦虑制约的，例如很常见的例子就是过度手淫或者暴饮暴食。两者之间的联系会通过这样的事实被证明，即只要人们以某种方式（感觉到被爱，获得成功，或从事建设性的活动）而感受到安全感，贪婪欲就会减弱或者消失。例如，一种被爱的感觉会突然间减弱强迫性购买的冲动；一个对任何美食都垂涎欲滴的女孩，只要她开始设计裙子，从事了自己热爱的职业，就会完全忘记饥饿和吃饭时间。另外，只要敌意被加强了，贪婪同样会再次出现或者被强化。一个人可能在去看一场恐怖的表演前很想去购物，在遭到拒绝的时候会特别想大吃一顿。

然而，焦虑的人却并没有产生贪婪的原因有很多，这个事实表明其中还有一些很特别的因素。我们能够相当确定的一些因素就是贪婪的人并不确信自己有创造属于自己东西的能力，因此不得不依赖外界来满足自身需要；但他们同时又认为没有人会愿意无缘无故地帮助他们。那些在爱情方面难以得到满足的神经官能症患者在对待物质上具有同样的贪婪，例如在花费时间和金钱上面，在具体情境的实际建议上，在困难的实际帮助上，在礼物、信息或者性满足上都是如此。在一些情况下，这些欲望确实揭示了对爱的渴望；然而，在另一方面，这种解答并不是完全令人信服的。在后一种情况下，人们总会有这种愿望，即神经官能症患者只是想得到什么东西，可能是爱也可能不是；对爱的渴望即使存在，也仅仅是一种为了敲诈勒索有形的好处或利益的伪装而已。

这些观察让我们提出了这样一个问题，即总体而言对物质的贪婪是不是一种基本现象，而对爱的需要仅仅是完成这一目标的手段而已？对这一个问题并没有一个统一的答案。我们将在后面看到，对占有的渴望是对抗焦虑的一种基本抵御方式。但经验表明，在某些例子中对爱的需要被深深地抑制了，尽管是很普遍的保护措施，甚至在表面上根本观察不出来，于是，对物质的贪婪就会持久性地或者暂时性地取代了它的位置。

通过在这个问题中“爱”到底扮演了哪些角色，我们可以将神经官能症患者大致分为三种类型。

第一种类型中，不管他们做了什么，他们想要的就是爱，不管以哪种形式出现或者采用了什么手段实现了这一目标。

第二种类型就是想要得到爱，但是如果他们在某种关系中失败了（通常他们注定会失败），他们不会立刻转移目标再次寻找爱，而是会退缩，远离所有人。他们并不会努力将自己依附于某些人，而是强制自己依附在某些东西上，吃东西、购物、读书或者通常来说得到一些东西，这种改变会以一种奇怪的方式出现，就像某个人在一段感情中失败了，就会强迫自己吃很多的东西，短期内胖二十磅（1磅≈0.45千克）甚至三十磅。但是，如果他们重新爱上了一个人就会立刻减肥；如果新的感情最终也以失败告终了，他们会再次暴饮暴食。有些时候人们会发现病人身上有一些共同的行为，他们在对心理医生感到巨大的失望时，会开始强制性地吃很多东西，胖到让别人几乎不知道他们是谁，一旦关系好转了，又会迅速减肥。这种对事物的贪婪也可能被抑制，然后表现为吃饭没有胃口或者某种功能性消化不良。这一组较第一组来说，其人际关系会受到更大的干扰。他们仍然渴望爱，并仍然有勇气去追寻爱，只是一旦失望了，自己和他人之间的联系就会被打断。

第三种类型的人曾遭受过很严重的打击，所以他们在意识中会不信任任何形式的爱。他们的焦虑会非常严重，只要没有给他们带来正面的伤害就能令他们心满意足。他们对爱会采取一种冷嘲热讽的态度，宁可实现他们那些具有实际性的愿望，比如物质帮助、具体的建议，以及肉体的满足。只有当他们的焦虑被缓解后，他们才会重新渴望爱和感激爱。

这三种不同的类型可以总结为：对爱的永不知足；对爱的需要与一般性贪婪相交替；没有明显的对爱的需要，只有一般性贪婪。每一种类型都表明敌意与焦虑在增长。

回到我们刚才所谈的主要内容上，我们现在要考虑的一个问题就是永不知足的爱借以表现自身的特殊方式。它的主要表现就是嫉妒，要求对方无条件的爱。

神经性的嫉妒和正常人所表现的嫉妒是不一样的，正常的嫉妒是对失去某人的爱之后的恰如其分的反应，而神经性嫉妒是对于危险所表现出的不相称的反应。它表现为时刻害怕失去占有的某人或者某人的爱，对方可能具有的任何其他兴趣都会成为一种潜在的危险。这种嫉妒心理会出现在每一个人类行为当中，就父母而言，他们会嫉妒子女交朋友、谈恋爱或者结婚；对孩子来说，他们会嫉妒父母有婚姻伴侣。它存在于任何一种恋爱关系当中，和心理医生之间的关系也毫无例外。这种强烈的敏感表现为医生去看另外一个病人，甚至提到另一个病人都会引起嫉妒。他们的想法就是："你必须专一地爱我一个人。"病人可能会说："我承认你对我很好，但你对其他人也是一样的好，你对我的好并不能说明任何问题。"任何要与其他人一起分享的感情都一下子没有了价值。

这种病态的嫉妒心理通常被认为来自童年时期对兄弟姐妹或者父母一方的嫉妒。在健康孩子身上发生的兄弟姐妹之间的竞争，例如，只要孩子相信迄今为止自己并没有失去任何爱和关注，对新生儿的嫉妒就会没有任何痕迹地很快消失。根据我的经验，产生于童年时期的过度嫉妒，日后之所以没能克服，是由于孩子所处的病态环境和我们之前提到的成年人所处的环境很相似。孩子的心中已经产生了一种无法满足的对爱的需要，这种需要主要来源于基本焦虑。在精神分析文献中，儿童与成人的嫉妒反应的关系经常被混淆，因此将成年人的嫉妒心理称作是儿童嫉妒心理的"重演"。如果这个术语意味着一个成年女性嫉妒她的丈夫是因为她同样嫉妒自己的母亲，那这种观点就不能立足。我们发现孩子与父母或者与兄弟姐妹间强烈的嫉妒心理并不是之后产生嫉妒的根本原因，而是由同一来源产生的。

或许对爱的永不知足的需求表达比一般的嫉妒要更强烈，它想要寻求无条件的爱，这种要求在自觉意识中的表达是"我希望你爱的是我，而不是我的所作所为"。到目前为止，我们会觉得这种想法没什么特别之处。当然，对我们来说，希望被爱的想法并不奇怪。然而，神经官能症患者对无条件的爱的想法会更加复杂，其极端的形式根本无法实现。这种对爱的要求，在理论上是不允许有任何条件或者任何保留的。

首先，这种要求包括了一种无论我做了什么挑衅性的行为都会被爱的愿望，这种愿望对于追求安全感来说是非常必要的。因为神经官能症患者隐秘地知道自己的内心是充满了敌意和无理要求的，所以他害怕这种敌对情绪一旦暴露出来，对方就会退缩、生气或者想要惩罚，这种恐惧是可以理解的，也是很正当的。一个这种类型的病人会认为爱一个可爱的人是一件很简单且毫无意义的事情，真正的爱应该能容忍任何负面的行为。在这种情况下，任何的批判都会被认为对方不爱自己了。在精神分析中，医生会因一个暗示（表明他是可以通过改变自己的性格而变得更好）而引起憎恨，即使这正是精神分析的目的所在。因为他把任何这种形式的暗示都视为需要爱而得不到爱的一种挫折。

其次，对无条件被爱妄想综合征还包括不求回报的被爱。这种想法是非常必要的，因为神经官能症患者感觉自己没有任何能力来感受温暖，也没有能力来付出感情，并且也不愿意这样去做。

再次，他的要求还包括希望被爱却不给对方任何好处。因为对方所得到的任何好处或者满足都会快速引起神经官能症患者的怀疑，怀疑对方和自己在一起就是为了得到这些好处或者满足。在性关系中，这种类型的人会吝惜让对方从性爱中获得满足，因为他们会觉得自己之所以被爱只是因为对方想得到性满足而已。在精神治疗过程中，这种病人会不希望医生在对他们的帮助中获得满足，他们会一边贬低医生所提供的帮助，一边理智地承认这种帮助，但在感情上没有任何感激。或者他们会将任何改善都归功为其他原因，认为吃的药很有效果或者一个朋友的建议非常有效。他们当然会对给医生治疗费这件事耿耿于怀，尽管他们头脑中清楚地认识到费用是对医生的时间、精力和知识的回报，但在情感上仍然认为支付费用就证明心理医生对他们没有兴趣。同样，这种类型的人会因赠送礼物而感到难堪，因为赠送礼物让他们搞不清楚自己是不是真的被人喜欢。

最终，对无条件的爱的需要还包括希望对方能为爱牺牲。只有当这个人为神经官能症患者牺牲了一切时，他才会确信自己是被爱着的。这些牺牲可能指的是时间或者金钱，也可能指的是个人信仰和完整人格。例如，这种要求包括希望对方能不离不弃地站在自己这边，即使遭遇了灾难性的变故。有这样的一群母亲，她们天真地希望孩子对自己会无条件地忠诚和自我牺牲，因为她们“在痛苦中生养了他们”。另外一些母亲则抑制住了能获得无条件的爱的愿望，最终她们给孩子们提供了大量积极的帮助和支持。但是，这样的母亲从这种相处关系中没有得到任何满足。就像刚才提到的一样，她们感觉孩子们爱她仅仅是因为从她们身上得到了太多的东西，因此无论她们给了孩子什么都会有一种隐秘的吝啬。

对无条件的爱的要求，在其内涵上，显现了神经官能症患者对其他人残忍无情的忽略，更清楚地表明了在对感情的神经性需要下隐藏了巨大的敌意。

和一般吸血鬼类型的人不同，一般吸血鬼类型的人会有意识地将其他人剥削到极致，而神经官能症患者往往意识不到自己是这样的人。由于一种严格的策略上的原因，他不得不阻止自己的内在需要被意识到，因为没有人能够坦诚地说："我想让你为了我牺牲你自己，并且你不会得到任何回报。"他被迫将自己的需要建立在某些合理的基础上，例如他生病了，因此他需要得到别人的全部牺牲。另外一种使自己意识不到自己内在需要的强有力的理由就是，这种要求一旦建立就很难被放弃，而意识到它们的非理性就是走向放弃的第一步。除了刚才提到的基础外，它们根植于神经官能症患者灵魂深处的信念中，即他们不能自食其力，他所要的东西必须给他，他生活中的责任必须放在他人身上，而不是自己这里。因此放弃无条件的爱的要求就意味着要改变他的整个人生态度。

所有的被爱妄想综合征都有一个共同特点，那就是神经质的自身冲突倾向阻碍了其获得爱。那么，如果他们的要求只能被部分实现或者被全部拒绝，他们会有什么样的反应呢？

第八章　获得爱的方式和对拒绝的敏感

在考虑到神经官能症患者是多么急切地想要获得爱，但是又是多么困难地去接受爱，人们可能会认为只有在温和的情感氛围中这些人才能获得最大的满足。但是另一个复杂问题又出现了：他们与此同时会很敏感，会因为哪怕一点点挫败和拒绝而感到极其痛苦。一个温和的氛围尽管在某种方面保证了安全感，但还是会令他们有挫败感。

很难描述他们对拒绝敏感到了什么程度。预约的改变，不得不等待，没能第一时间得到回应，和他们意见不一，任何与他们的意见相违背的行为，或者简言之，用他们的话说任何没能实现他们要求的失败，都会被认为是一种挫败。这种挫败不仅会把他们重新带回基本焦虑中，同样还会让他们认为这是一种侮辱，稍后我会解释为什么对他们来说这是一种侮辱。挫败中含有的羞辱意味会引起巨大的愤怒，并很可能公开爆发出来。例如，一个小女孩，如果她的猫咪没有对她的亲昵动作做出回应，她就会很生气，狠狠地把猫摔到墙上。如果有人要他们稍等片刻，他们就会把这解读为自己无关紧要，所以没有必要那么准时。这种感觉也会引起敌意的爆发，导致他们会从自己的所有感情中退缩，变得冷淡、麻木不仁，即使几分钟前他们还满心期待地想要会面。

更通常的情形是，感到挫败和生气之间的联系仍然是无意识的。这些情况很容易发生，因为挫败是非常轻微的，它们完全没被意识察觉。然后他们会在不知道任何原因的情况下感到生气，或者变得恶毒和充满了报复性的想法，或者觉得疲惫、沮丧，或者感到头痛。而且，这种情况不仅会在遭到拒绝，或者感觉到自己遭到拒绝时发生，还会在预想到自己会遭到拒绝时就已经发生了。例如，一个人会很生气地问问题，因为在他的头脑中已经预料到会有一个拒绝的答案在等着他。他会克制自己给女朋友送花，因为他能预料到女孩会从礼物中感觉到一些不可告人的动机。他会出于同样的理由极其害怕正面表达自己的感受，如喜欢、感激、欣赏，因此在别人眼中和自己眼中，他会看起来比真实的自己更冷漠和难以相处。他预料到会在女人那里遭到冷漠对待，因此他会报复性地对女人采取讽刺的态度。

如果被拒绝的恐惧严重地发展下去，那么他会尽量避免任何可能使自己遭受拒绝的事情。这种避免行为的范围会从买香烟时不敢要火柴，到不敢去找工作。那些害怕遭遇任何拒绝可能的人只要他们不完全确定自己不会遭到拒绝，会避免接近他们喜欢的男人或者女人。这种类型的男人通常会讨厌邀请女孩跳舞，因为他们害怕女孩只是出于礼貌而接受了邀请。他们同时认为女人在这一点上要好很多，因为她们不用如此主动。

换句话说，对挫败的恐惧会导致一系列的克制，最终使人变得胆怯。胆怯有助于保护自己遭受挫败。不被别人爱的信念也是出于同样的自我防护意识。就好像这种类型的人会对自己说："反正人们都不怎么喜欢我，所以我最好老老实实地待在角落里，保护自己以免受到任何可能的拒绝。"对遭受拒绝的恐惧成为阻止其获得爱的重大障碍，因为这种恐惧阻止了一个人让其他人感受到或者了解到自己想要获得某种关注。而且，受挫的感觉会引发敌意，从而使焦虑变得更加尖锐或者强烈。受挫的恐惧造成了"恶性循环"，让人很难从中逃脱。

由各种不同的被爱妄想综合征所构成的恶性循环可以大致这样描述：焦虑→对爱的过度需要，包括需要专一的无条件的爱→如果这些需要没有得到实现就会感觉遭受了挫折→对于受挫后的反应带有强烈的敌意→由于害怕失去这份爱而不得不克制敌意→压抑造成了一种广泛性的愤怒→焦虑进一步加剧，更加想要获得安全感……这样，被用来对抗焦虑而获得安全感的手段反过来造成了新的敌意和新的焦虑。

恶性循环的形成不仅在我们所讨论的范围内具有典型意义，总的来说，它是神经官能症最重要的过程之一。任何保护性措施除了保证了安全感之外，都会导致新的焦虑发生。一个人为了减轻自己的焦虑会借酒浇愁，接着又担心喝太多酒会伤到自己。或者为了缓解焦虑会进行手淫，然后又担心手淫会使自己生病。或者，他可能在接受焦虑治疗，但不久又会害怕这种治疗对自己有害。恶性循环的形成是严重的神经官能症变得更严重的主要原因，即使外部条件并没有发生什么变化。精神分析的重要任务之一就是揭示这个怪圈及其所有内涵。神经官能症患者本身是无法了解它们的，他注意到它们的结果仅仅是深陷绝望无助的境地。这种陷入险境的感觉就是对他不能突破重重困境的回应。任何使他得到解脱的方式都会再一次让他面临新的危险。

人们会有这样的疑问：尽管神经官能症患者在获得自己想要的爱时会遭遇很多内在的障碍，但还有没有什么方式能够让他实现自己获得爱的愿望？这里存在着两个需要解决的问题：首先，如何获得必要的感情；其次，如何把对爱的需要转变成对自己和别人来说都是合理的。我们可以概括出的可能获得感情的方式为：收买、贿赂，企求怜悯，要求公正，最后是威胁恐吓。当然，像这种把所有心理逻辑因素列举出来的分类方式，并不是严格的分类方法，而只是表明了一般性规律。这些方式之间并不是互相排斥的，几个因素可以同时或者交替使用，这完全取决于具体的情形，完整的人格结构以及敌意的严重程度。实际上，获得爱的这四种方式的排列顺序，标志着敌意不断增加的程度。

当神经官能症患者想要通过收买、贿赂的方式获得爱时，他们的想法可以概括为："我深深地爱着你，你也应该反过来同样爱我，并为了这份爱放弃一切。”事实上，在我们的文化中，这样的策略通常都是女人而不是男人在用，这是女人长期的生活环境所造成的。千百年来，爱不仅仅是女人生命中的特殊领域，事实上更像是获得她们想要得到的东西的唯一或者主要的途径。而男人在成长过程中一直怀揣着这样的信念，如果他们想要实现某种愿望，他们在现实生活中就要有一番成就。女人则意识到，通过爱，仅仅是通过爱，就可以让她们获得幸福、安全感和威望。这种文化地位上的差异在男人和女人的心理发展过程中产生了重大影响。要在这里讨论这种影响恐怕有些不合时宜，但结果之一就是，通常情况下，神经官能症患者中将爱当作一种战略手段的女性会比男性多，并且对爱的主观信念使其满足自己的需求更加正当合理。

这种类型的病人会使自己在恋爱关系中陷入对对方的痛苦依恋中。例如，假设一个对爱有神经性需要的女人缠上了一个同种类型的男人，女人一旦选择靠近这个男人，男人就会选择撤退。女人面对这样的拒绝产生了强大的敌意，她会压制着心中会失去这个男人的恐惧。如果她有所退缩和收敛，男人又会重新追求她，想要获得她的青睐。然后她不仅会压抑自己的敌意，还会加大感情投入来掩盖这种敌意。她会再次遭到拒绝，再次产生敌意，最终会产生更加强烈的爱。因此，她会慢慢地确信自己拥有一种无法战胜的“强大激情”。

还有一种方式被认为是收买、贿赂，即通过理解一个人，帮助他在精神和事业上发展，为他排忧解难，诸如此类。这种方法被男人和女人共同使用。

第二种获得爱的方式就是乞求怜悯。神经官能症患者会让他人注意到自己的不幸遭遇和无助，通常他们的想法是“我经历了这么多苦难，这么无助，你应该爱我”，同时认为自己所有的不幸遭遇是提出过分要求的合理理由。

有时候，这种乞求会通过公开的方式表达。一个病人指出自己的病情是最严重的，因此理应最受医生的关注。他会十分蔑视那些表面上看起来比较健康的病人，也会痛恨那些使用这一战略更成功的人。

他们在乞求怜悯中，或多或少会掺杂一些敌对的情绪。神经官能症患者可能会单纯地希望我们对他和善，或者通过激烈的方式来获得一些好处，比如让自己陷入危险的处境中迫使我们提供帮助。每一个不管是出于社交还是医疗工作需要和神经官能症患者有接触的人，都会知道这种战略的重要性。一个就事论事来解释自己处境的病人和通过戏剧性的手段来引起别人注意的人之间还是存在着巨大差别的。我们会发现不同年龄层次的孩子身上会有同样的趋势和同样的变化形式：孩子会通过一些小抱怨来得到父母的安慰，或者潜意识里形成一种情景来恐吓父母以此来得到关注，例如不能吃饭、不能排尿。

使用乞求怜悯手段的人假设了一个前提，即自己无论如何都没有能力来获得爱。这种信念可以理性化为对爱的普遍不信任；或者形成一种信念，即在特殊的情境下，爱不能通过除了乞求怜悯外的其他方式获得。

在第三种获得爱的手段中——要求公正，他们的想法可以表达为：“我为你做了这些，你会为我做些什么呢？”在我们的文化中，母亲会指出她们为自己的孩子付出了多少，因此她们理所当然地认为自己应该获得孩子们永不懈怠的忠诚。在恋爱关系中，答应对方的求爱也可以用作日后向对方提出无理要求的资本。这种类型的人会过分殷勤地为他人做事情，并暗自期待以后能获得自己想要的所有东西。如果别人没能同样心甘情愿地为他们付出，他们就会非常失望。在这里我指的并不是那些能够清醒盘算到这些的人，而是那些根本没有意识到自己想要得到任何回报的人。他们这种强迫性的慷慨或许可以更准确地描述为一种神奇的姿态。他们所做的一切正是希望别人也能这样对自己，只有失望带来的非正常性的尖锐刺痛才能表明他们期待回报的心理还是存在的。有时候他们心里会记着别人欠自己的每一笔账，账里面记录着自己做的每一次牺牲，尽管这并没有太大的用处——例如通宵未眠，却会缩小或者忽视别人为他做的每一件事情。因此，他们伪造了这些情景，觉得自己有权利得到特殊的关注。这种态度会反射到神经官能症患者自己身上，例如自己会非常害怕欠别人人情，会本能地对他人进行判断，如果他接受了别人的好处，他会害怕别人因此而剥削他。

要求公正的手段也可以基于这样的基础，即如果有机会，神经官能症患者是十分愿意为他人做一些事情的，他会指出如果自己处在对方的位置上，会如何仁爱，如何自我牺牲。他会觉得自己的要求是非常合情合理的，因为他并没有要求别人比他自己付出更多。事实上，神经官能症患者的这种自认正当的心理比他们自身所意识到的要复杂得多。他对自身性质的这一描述主要由于无意识地将他要求别人做的事情放在了自己头上。然而总体来说这并不是一种欺骗，因为他确实存在着某种程度的自我牺牲倾向，这种倾向来源于自我肯定倾向的缺乏。他认为自己是失败者，希望能从他人身上得到宽容，为此他会宽容地对待他人。

在要求公正的过程中，神经官能症患者在要求对一种所谓的伤害做出赔偿时所展现出的敌意是最明显的。他们会想："你让我受尽了苦难，你伤害了我，因此你有义务帮助我、照顾我或者支持我。"这种策略类似于创伤性神经质所采用的策略。对于创伤性神经质我个人没有太多的经验，我在想创伤性神经质是否属于这一类别，是否会用创伤这一借口企图实现任何他想要达到的要求。

在这里，我会引用几个例子来展现神经官能症患者为了让自己的要求看起来正当，是如何引起别人的愧疚感和责任感的。一位妻子因丈夫对其不忠而生了病，她没有任何责备，但她或许根本没有意识到她的病是一种活生生的谴责，企图唤醒丈夫内心的愧疚感，从而让他自愿地付出全部真心。

这种类型的另外一个神经官能症患者是一位患有迷狂症和歇斯底里症的女性，她有时候会坚持帮助姐妹们做家务，但一两天过后，她会无意识地十分憎恨她们之前接受了自己的帮助，并会因病情加重而卧床不起。因此她会强迫姐妹们不仅要独自料理家务而且还要花费额外的时间和精力来照顾自己。同样，她病情的恶化表达了一种谴责，要求其他人做出补偿。这个人曾经因为一个姐妹批评她就晕倒了，由此表明了自己的憎恨，并索取别人对自己的同情。

我有一个病人，她在做精神分析治疗的某个时期病情一而再再而三地恶化，并产生了一种幻觉，认为心理医生要让她完全崩溃，并抢劫她的所有基金，因此将来我必须完全承担起照顾她的义务。这种类型的反应在各种医疗过程中都会出现，并经常伴随着对医生的公开威胁。在轻微的程度上，下面这些事情发生的频率非常高：当心理医生去度假的时候，病人的病情会有显著的恶化。病人会用直接或者隐晦的方式指责是医生的过错导致了自己病情恶化，因此他有特殊的权利要求医生关注自己。我们很容易拿这种例子和日常生活中的经历进行对照。

正如这些例子所表明的一样，这种类型的神经官能症患者愿意为此付出痛苦的代价——甚至是巨大的痛苦，因为只有通过这种方式他们才能表达自己的责难和要求，而他们本身却并没有意识到这点，所以自己内心的正义感才得以维持。

当人们可以通过威胁来获得爱时，他会威胁说要么伤害自己，要么伤害他人。他会采用某些孤注一掷的行为，例如毁掉某人的声誉，对他人或自己实施暴力行为。病人威胁着要自杀或者企图自杀，都是很常见的。我的一个病人通过这种方式相继获得了两任丈夫。当第一任丈夫暗示想要从这段感情中抽身而退时，她跳进了城市中最繁华、最引人注目的一条河里；当第二任丈夫看起来不太情愿和自己结婚时，她在确保自己能被发现的情况下打开了煤气罐。她明显的意图就是想说明，如果她生命中没有这个重要的男人，她是活不下去的。

神经官能症患者希望通过他的威胁满足自己的要求，只要他觉得最终有希望获得成功，他就会去实施这些威胁。如果他失去了成功的希望，他就会在绝望和报复的压力下实施这种威胁。

第九章　性爱在被爱妄想综合征中所扮演的角色

被爱妄想综合征通常会以性瘾或者永远无法得到满足的性饥渴展现出来。就这一现象，我们会产生这样的疑问，是不是所有被爱妄想综合征都是由性生活的不满足所造成的？是不是所有对爱的渴望，渴望接触、渴望欣赏、渴望得到支持，主要并不是为了满足安全感的需要，而是性的不满足所促成的？

弗洛伊德会倾向于以这样的方式看待这个问题。他认为很多神经官能症患者都焦急地想要依附别人，并紧紧抓住他们不放。他将这种态度归结为性生活的无法满足。然而，这一观念要基于特定的前提才能实现。它事先假设所有外在表现都具有性色彩，例如希望获得建议，得到认可或支持都是被淡化或者“升华”后的性需求的表达。除此之外，它假设温柔是一种受到抑制的或者“得到升华”的性驱动的表现。

诸如此类的假设并没有得到事实的验证。情爱的感受，温柔的表达和性欲三者之间的关系有时候并不如我们想象的那么接近。人类学家和历史学家告诉我们，个体的爱是一种文化发展的产物。布利福奥特[①]曾指出，性欲和残忍之间的关系比与温柔之间的联系更紧密，尽管他的这一观点并没有特别地令人信服。

然而，从我们文化中所做出的观察可以发现，性欲的存在不需要有情爱或者温柔相伴，而情爱和温柔也可以在没有性欲的情况下单独存在。例如，并没有证据表明母亲与孩子间的温柔在本质上是一种性欲。我们所能观察到的（也是弗洛伊德的重大发现）就是，性元素是可能存在的。我们可以看到性欲与温柔之间有很多关联之处：温柔是性欲的前兆；人们可能在怀有性欲望的时候意识到温柔；性欲望可以刺激或者逐渐转变成温柔的感觉。性欲与温柔之间的这种转变当然可能暗示着二者之间的紧密关系。尽管如此，我们还是要谨慎一些，宁可假设两者是作为不同类别的感觉存在着的，这两种感觉一致性地、慢慢地转变成对方或者替换掉对方。

然而，倘若我们接受了弗洛伊德的假设，认为无法得到满足的性欲是寻求爱的驱动力，那就不难理解为什么我们发现对爱的同样渴望及其所有的复杂表现——占有欲，无条件的爱，觉得自己不被人们需要，等等——存在于从生理角度而言性生活完全得到满足的人身上。

---

① 罗伯特·布利福奥特：《母亲们》，伦敦、纽约，1927年版。

然而，毫无疑问，这种情况确实是存在的。因此，我们不可避免地要下这样的结论，即性欲的无法满足并不能解释这些例子中所出现的现象，真正的原因不在性领域内。[①]

最后，如果被爱妄想综合征只不过是一种性现象，那么我们将无法对包含在其中的一系列问题做出解释，例如占有欲、无条件的爱、被拒绝的感觉等。的确，这些问题都已经被发现并做出了详细的描述。例如，嫉妒被追溯到兄弟竞争或者俄狄浦斯情结上；无条件的爱被追溯到口欲期；占有欲被解读为肛欲期；等等。但是在现实生活中，人们并没有意识到在之前章节中所描述的一系列态度和反应都属于一个整体，是一个统一结构的不同组成部分。如果不能意识到焦虑是藏在对爱的需要背后的动态驱动力，我们就不能了解这种需要被强化或者被削弱的具体条件。

采用弗洛伊德巧妙的自由联想法，很可能会在精神分析过程中准确地观察到焦虑与这种对爱的需要之间的关系，尤其是通过观察病人对爱的需要的波动情况。经过一段时间的合作性和建设性的工作，有个病人突然间改变了自己的行为，想要占用医生的时间，或者渴望得到他的友情，或者盲目崇拜，或变得有极度的嫉妒心、占有欲，想成为“唯一的病人”；同时还会伴随着焦虑的增加，或者在梦里、在现

---

① 在这样的例子中，情绪领域存在着明确的紊乱现象，但同时具有充分获得性满足的能力。这对很多精神分析学家来说，一直是一个谜，但事实是它们并不符合性欲理论却又不妨碍这种现象出现。

实中有很匆忙的感觉；或者出现一些生理症状，如腹泻或者尿频。病人并没有意识到这种焦虑或者很强烈地想要抓紧医生的态度是由焦虑引起的。如果医生认识到二者之间的联系并展现给病人，那么双方会发现，一旦触及迷恋问题，病人就会感到万分焦虑。例如，他可能将医生的解释看作是一种不公平的指责或者羞辱。

类似的反应出现后的后果就是：这样的问题接二连三地发生，对它的讨论会引起病人对医生的强烈敌意。病人开始痛恨医生，在梦中希望他死；但他又会立刻压制自己的敌对冲动，并感到很害怕，出于想要得到安全感的目的，他会紧紧抓住医生不放。当这些反应依次发生后，敌意、焦虑以及随之而来的被强化的爱的需要就会逐渐淡化，退居幕后。一种被强化了的对爱的需要会规律性地随着某种焦虑的出现而出现。人们可以很有把握地将其视作一种警报信号，表示某种焦虑正在日益明显，即将爆发，因此病人需要获得安全感。我们所描述的这一过程并没有完全局限在精神分析过程中，同样的反应也会出现在私人关系中。例如，在婚姻里尽管丈夫在内心深处痛恨和惧怕妻子，但他却紧紧地依附着妻子，嫉妒她，想占有她，将她理想化，仰慕她。

我们完全有理由把这种强加在隐藏的憎恨下的、被严重夸大的忠诚说成是一种“过度补偿”，不过我们要知道这一术语仅仅是对这一过程做出的一个大概性的描述，并不涉及动力作用。

如果出于上面所提到的原因，我们并不认同用性病因学解释对爱的需要。那么这样的疑问就会产生，被爱妄想综合征有时会伴随着性欲望而生或者一起出现，这难道仅仅是一种偶然的巧合吗？或者在一些特定的条件下，对爱的需要是否会以性的方式表达出来。

在某种程度上，对爱的需要的性表达依赖于外界环境是否允许这种做法，取决于文化差异、生命活力的差异和性气质上的差异，最终取决于一个人的性需要是否能够得到满足。如果不能得到满足的话，相比于那些能够在性生活中得到满足的人，他们会更倾向于以性方式来做出反应。

尽管所有这些因素都是不言而喻的，而且对一个人的反应有着非常明确的影响，但它们并不能充分地解释个体的基本差异。在给定的表现出对爱有神经性需要的一群人中，这些反应在个体之间却不尽相同。因此我们发现他们中的有些人在与人接触时，几乎是强迫性地立即带有或强或弱的性色彩；而在另外一些人中，性兴奋或者性行为会保持在正常的情感和行为范围中。

属于前一组的男人和女人，他们能够从一种性关系跳到另一种性关系中。对他们的反应更加私密性的认识表明，当他们没有这种关系或者眼看着不能马上得到这样的关系时，他们会没有安全感，认为自己不受保护，并且行为会反复无常。属于同一类型但是会有更多抑制倾向的男人和女人，虽然他们实际上几乎没有这种性关系，但不管别人是不是被自己吸引，他们都会在自己与别人之间营造出性欲的氛围。最后，属于第三种类别的人，在性上会更加克制，却很容易进入性兴奋状态，会克制不住地将任何一个男人或者女人看作自己潜在的性伙伴。在最后一组中，强迫性手淫可能但不一定会取代真正的性关系。

除了所获得的身体的满足程度不同外，这种类型的人所展现出来的表现也不尽相同。除了对性渴望的强制性本质外，这群人所具有的一个共同点就是对于性伙伴的选择不具有任何分辨性。当我们综合考虑对爱有神经性需要的患者时，我们已经讨论了他们都具有的一些共同特征。除此之外，人们会惊奇地发现，一方面他们时刻准备着发生一段无论是在现实生活中还是在想象中的性关系；另一方面，在与他人的关系中又存在着强烈的紊乱现象，一种比一般人的基本焦虑更严重的紊乱。这些人不仅无法相信爱，事实上即使得到了爱他们也会感到深深的不安，例如对于男人来说，可能会是阳痿。他们可能意识到了自己有防御性的态度，或者他们会倾向于责备自己的性伴侣。对于后者，他们或她们坚信自己从未遇到过一个真正称心如意的女人或者男人。

性关系对他们来说不仅意味着某种特殊的性紧张的释放，而且是他们进行人际接触的唯一方式。如果一个人产生了这样的想法，认为对他们而言获得爱是不可能的事情，那么身体上的接触就变成获得情感关系的替代品。在这种情况下，性爱即使不是唯一的，也是与他人获取联系的一种主要方式，因此被赋予了一种特别的重要性。

对一些缺乏分辨能力的人来说，就会表现为对潜在的性伴侣缺乏选择性。他们会主动地寻求与男人或者女人之间的性关系，或者被动地屈服于别人的性需求，不管这种要求是出于同性的还是异性的。我们并不会对第一种类型的人特别感兴趣，因为他们主要通过性服务的方式来与别人建立起人际关系，否则的话，他们将很难获得一段真正的人际关系。而他们这样做的动机并不是出于对爱的需要，而是出于想要征服他人的想法，或者更准确地说，想要制服他人。这种追求变得如此必要，导致性别的区别都显得没有那么重要了。男人和女人都必须被制服，不管是在性方面还是在其他方面。而在第二组中，人们会倾向屈服于来自同性或者异性的求爱，他们出于对爱的永无止境的要求而接受别人的性暗示，尤其害怕拒绝一项性请求后会失去那个人，或者不敢拒绝各种性要求，不管是正当的还是不正当的。他们不想失去任何人，因为对他们来说任何联系都是那么急切需要的。

在我看来，用某种“双性恋”（bisexuality）的概念来解释对两种性别都会发生性关系的现象是一种误解。在这些案例中没有任何迹象表明，他们对同性存在着真正的依恋。只要心里自我肯定的声音替代了焦虑的地位，那么表面看起来似乎是同性恋的倾向就会消失，就像对异性的不加选择性也会消失一样。

我们对于双性恋的讨论也会为解决同性恋问题提供一些线索。事实上，有很多的过渡阶段存在于所谓的“双性恋”和同性恋间。在后者的发展过程中，有一些明确的因素可以解释为什么一个人会将异性排除在自己的性伴侣之外。当然，同性恋的问题太复杂了，很难通过一种观点获得全部的了解。但是我能够肯定，从没有见过任何一个同性恋身上不具备“双性恋”中所提到的那些影响因素。

在最近几年里，一些精神分析学家指出性欲被强化是因为性兴奋及满足被当作释放压力或者发泄心理紧张的方法。这种机械性的解释或许具有一定道理。然而，我认为一些心理方面的过程也会使焦虑引发过多的性需求，而这些心理过程是可以被发现和识别的。这种观点建立在精神分析观察以及对这些病人性欲外人格特性的发展研究上。

这种类型的病人在一开始的时候可能会非常热情地迷恋医生，急切地想要得到爱的回报；或者在精神分析过程中保持着相当超然的态度，然后将他们对性爱的需要转移到某一个局外人身上，而这个局外人看起来和医生有些相像，或者在他们的梦中两个人被等同了，从而局外人成了医生的替身；或者最终这个人想要与医生发生性关系的需要会仅仅出现在梦里或与医生见面时的性冲动中。病人会对这种毫无意义的性欲表现感到十分吃惊，因为他们既没有感到被医生吸引，也没有任何感觉表明自己喜欢他。实际上，性吸引既不来自医生所扮演的令人可察觉到的角色，也不在于他比其他病人有更多或者更少的焦虑，这些病人的性气质也并不比其他人更猛烈而无法控制。他们会变得比较特别是因为他们对各种真挚的爱都持有极深的怀疑态度。他们完全相信医生是出于不可告人的动机才会对他们感兴趣，在医生的内心深处会鄙视他们那些病人，或者他很有可能会做出那些伤害他们、不利于他们的事情。

由于神经官能症患者的高度敏感，在他们的每一次神经分析中多会出现怨恨、愤怒和怀疑的态度。尤其是在有强烈性需要的病人身上，这些反应就形成了永久性的顽固态度。它们使得医生与患者之间存在着一堵无形却又坚不可摧的墙。当面对自身的一些困难时，他们的第一反应就是放弃，中断精神分析治疗。他们在精神分析中所呈现的画面就是一生的真实缩影。唯一的区别是，在进行精神分析治疗前他们能够逃避了解自身人际关系的事实，而这一事实十分地脆弱和复杂。他们很容易陷入性关系中，这使他们混淆了事实情况，使他们认为随时准备建立性关系意味着他们有很好的人缘。

我所提到的这些态度会规律性地出现。因此，只要在病人开始进行精神分析，开始揭露自己的性欲时，关于医生的性幻想和性梦境就会显现。这时我会发现他们存在着严重紊乱的人际关系。依据这一方面的观察，我发现相对来说这和医生的性别并没有太大的关系，因为相继接受过男医生和女医生治疗的病人们会对二者有相同的反应。在这种情况下，根据他们在梦中或者在其他地方所表现出的同性倾向而妄下结论就会犯下巨大的错误。

总而言之，就像那句“闪闪发光的不一定是金子”一样，所有看上去是性欲的表现可能在实际上并不是。很大一部分看起来像性欲的其实和性欲一点关系都没有，而仅仅是寻求安全感的愿望的表达。如果并没有考虑到这一点，那么就会过高地估计性欲的作用。

那些由于未意识到是焦虑的加剧而导致性欲旺盛的个体，往往会天真地认为强烈的性欲是一种天生的禀赋，或者将其归结为自己的洒脱，不受传统禁忌的束缚。实际上他们这样做犯了和那些需要过度睡眠的人一样的错误。那些人想象着自己需要十小时或者更长的睡眠时间是由于自己的体质，但实际上他们对睡眠的过度需要是各种各样的情感压抑所造成的，睡眠仅仅是他们逃避各种矛盾的一种方式。同理，这种相同的逃避方法也适用于那些强制性的吃喝和饮酒。吃、喝、睡觉、性是人类生命的必需活动；这些活动的不同强度不仅和个人体质有关，而且也会随着许多其他条件的变化而变化，例如气候，能否得到其他满足，是否存在外部刺激，工作的紧张程度，目前的身体状况等。但是这些需求同样也会通过一些潜意识因素而得到增强。

性欲和对爱的需要，这两者之间的联系为理解禁欲问题提供了重要线索。禁欲在多大程度上能够被忍受取决于文化因素和个人差异。对于个人来说，它主要依赖于一些心理和身体因素。那些通过做爱来缓解焦虑的人会特别难以忍受任何禁欲，即使只是很短时间的克制，这是不难理解的。

这些考虑促使我们对性欲在文化中所发挥的作用做出一定的反思。在对待性问题上，我们往往对我们的开放态度带有某种程度的自豪和满足。准确地说，自维多利亚时期以来情况已经有了好转。在建立性关系方面我们享有更大的自由，也有更大的能力来获得性满足。后者对于女性来说尤其重要。性冷淡不再认为是女人的正常情况，而被普遍认为是一种缺憾。然而，尽管存在着一定的好转，但是其进步程度并不像我们想象的那么深远。因为如今大量性关系的发生被用作发泄心理压力的出口，并不是出于真正的性驱动，因此更多地会被认为是一种镇静剂而不是真正的性享受和性欢愉。

文化情景同样反映在心理分析概念中，弗洛伊德最伟大的成就之一就是在心理学中赋予了性以重要的地位。虽然很多现象在细节上被认为是一种性欲表现，但那实际上也只是比较复杂的神经性状况的外在表达而已，尤其是被爱妄想综合征的表达。例如，对医生的性欲通常被认为是对父亲或者母亲的性瘾的一种再现，但通常情况下那并不是真正的性欲，而是出于缓解焦虑的目的，企图获得安全感。病人经常会讲述一些幻想或者梦境，例如表达想要依偎在母亲胸前或者想要回到母亲肚子里的愿望，这表示一种对母亲或者父亲的“转移作用”（transference），这是可以肯定的。然而，我们不能忘记，这种表面上的移情作用仅仅是想要获得爱或者寻求庇佑的表现形式。

尽管对于医生的这种性欲被认为是对父亲或者母亲的类似性欲的直接重现，但我们并没有任何证据表明孩童时期对父母的依恋本身就是一种性依恋。有大量的证据表明，在成年神经官能症患者中，爱和嫉妒的所有特征（被弗洛伊德描述为俄狄浦斯情结的特征）在童年时期就已经存在了，但这种情况并不如弗洛伊德想象的那么普遍。正如我所讲的那样，我认为俄狄浦斯情结是不同类型过程的综合作用的结果，而不是初始的过程。它可能就是一种简单的儿童反应，由于父母给了一点点性爱抚而引发的，因目击性场面而产生，或者父母一方成为孩子盲目崇拜的对象所造成的。另外，它也可能是更加复杂的过程所造成的结果。正如我所说的，一些家庭情景为滋生俄狄浦斯情结提供了肥沃的土壤，在这种环境下孩子更容易感到恐惧和敌意，他们压抑这些情绪导致了焦虑的产生。在我看来有一种情况很可能发生，那就是孩子由于想要获得安全感而仅仅抓住父母中的一方，因此产生了俄狄浦斯情结。事实上，正如弗洛伊德所说，得到充分发展的俄狄浦斯情结表现出了被爱妄想综合征的所有特征。例如，对无条件爱的贪得无厌，嫉妒心，占有欲，因遭受拒绝而产生仇恨。在这种情况下，俄狄浦斯情结并不是神经质的起源，它本身就是神经质的一种表现形式。

第十章　对权力、威望和财富的追求

对爱的追求只是我们文化中为了抵抗焦虑、获得安全感的一种很常见的方式，对权力、威望和财富的追求是另一种形式。

或许我应该先解释一下为什么我会把对权力、威望和财富的追求看作是一个问题的不同方面。毫无疑问，无论主导倾向是为了实现其中的一个目标还是几个目标，都会对人格的形成产生重大的影响。神经官能症患者在追求安全感时会选择哪种目标，取决于外界环境的同时，也取决于个人天赋和心理结构上的差异。我之所以将它们看作一个整体，是因为它们都存在着能够把它们和对爱的需要区分开的共同点。赢得一份感情意味着通过强化与别人的接触来获得安全感，而对权力、威望和财富的追求则是通过减弱与他人的接触、增强自身地位来获得安全感。

想要去主导，去赢得威望，去获取财富的愿望本身并没有神经质的倾向，就与想要获得爱的愿望本身一样正常。为了方便理解在这一方向上的神经性追求的具体特征，我们应该把它们和正常的状况进行一下对比。例如，对权力的感知主要取决于自身对个人优势的认识，不管是身体能力，还是精神能力，成熟或者智慧。或者，对权力的追求还可能和其他的特别因素相关联，例如家庭、政治团体或者职业团体、故乡、宗教观念或者科学思想等。然而，对权力的神经性追求却出自焦虑、憎恶和自卑的心理。严格地说，对权力的正常追求取决于优势，而神经质的追求却取决于自身劣势。

文化因素也牵涉其中。个人权力、威望和财富并不会在每一个文化背景下都发挥作用。例如，对普韦布洛印第安人来说，对威望的追求绝对是不受鼓励的，人与人之间的财富也没有太大的差别，因此对财富的追求也没有太大的意义。在那种文化环境下，追求任何形式的主导权来获取安全感都是没有意义的。在我们的文化中，神经官能症患者会选择这样的方式主要是因为在我们的社会结构中，拥有权力、威望和财富就能获得更大的安全感。

在探求产生这种对权力、威望和财富的追求原因时，我们发现，这种追求形成于通过获得爱的方式无法从潜在的焦虑中获得安全感时。我会举一个例子来说明当对爱的需要遭到挫败后，人们如何以野心的形式产生这种追求。

一个女孩非常依赖长自己四岁的哥哥。他们曾经沉浸于或多或少带有性特征的温柔中。但是在女孩八岁那年，哥哥突然拒绝了她，并指出他们已经长大了，不能再玩儿那种游戏了。经历了这样的挫折后，女孩突然对上学产生了强烈的野心。毋庸置疑，她在追求感情的时候遭受到了挫折，又没有其他的人可以依附，所以这种失望变得更加痛苦。她的父亲对自己的孩子态度冷漠，母亲显然偏爱哥哥。她感受到的不仅仅是失望，更多的是自尊心受到了严重打击。她不知道哥哥态度的转变仅仅是因为临近青春期。因此，她感到十分耻辱和惭愧，因为她的自尊心从来没有建立在一种安全的基础上，所以这种羞辱感也会越发强烈。首先，自己的母亲并不需要她，她感觉自己很卑微，因为母亲是一个既漂亮又被所有人仰慕的人；除此之外，哥哥不仅深受母亲的偏爱，而且还深得母亲的信任。父母婚姻的不幸，母亲也会主动和哥哥诉说。

因此女孩感觉自己完全被排除在了家庭之外。在经历了和哥哥之间的痛苦挫折后，她再一次试着去争取她想要的爱。她迅速爱上了一个在旅途中认识的男孩。她非常开心，并开始编织与这个男孩有关的各种美好幻想。而当男孩淡出她的视野后，她因为再次失败而变得非常沮丧。

诸如此类的情况会经常发生，父母和家庭医生将她的这种情况归结为在学校的年级太高而压力过大。他们让她暂时休学，带她去避暑胜地休闲娱乐，然后再把她送回到低一级的年级继续上学。在她九岁的时候，不顾一切、不甘落后的野心就显现出来了。她不接受自己在成绩上面的任何落后，一定要拿到第一名。同时，她和其他女孩之前的友好关系也开始明显恶化。

这个例子揭示了神经质产生的典型因素：由于内心感到自己不被人需要而从一开始就缺乏安全感，并由此产生了相当多的反抗心理；但是她不敢表达自己的反抗情绪，因为家庭中的主要人物（母亲）需要他人的盲目崇拜，所以被压抑的憎恨使她产生了严重的焦虑。她的自尊心一直没有机会发展，很多时候她都感觉自己在遭受侮辱，与哥哥的那次经历让她感觉自己完完全全地受到了侮辱。她企图将获得爱作为获得安全感的途径，但失败了。

对权力、威望和财富的精神性追求不仅是对抗焦虑的保护手段，同时也是发泄压抑着的敌意的一种途径。首先我要来讨论一下每一种努力都是怎样通过对抗焦虑来获得特殊保护的，接着再讨论获得自由的特殊方法。

对权力的追求首先是一种对抗无助的保护方式。正如我们所看到的一样，无助是构成焦虑的基本因素之一。神经官能症患者十分厌恶自身的任何一点无助的表现或者内心的软弱，因此他会逃避那些在正常人看起来司空见惯的情景，例如接受别人的指导、建议或者帮助，对于他人和环境的任何形式的依赖，放弃自己的观点来接受他人的想法。这种对于无助的抵抗并不能一下子爆发出所有能量，它是逐渐地、一点一点地增强。神经官能症患者越是感觉被自己的抑制作用限制住了，越不可能实际地肯定自己。他越是焦虑地想改变任何和软弱哪怕只有一点相似性的东西，他就会越脆弱。

另外，神经官能症患者对权力的追求也会保护他，不让他感到或认为自己是无关紧要的。神经官能症患者对自身的优势形成了一种僵化的、非理性的权力理想，让他相信自己能够掌控任何情景，不管问题有多么复杂，他都能够立刻解决。这种理想渐渐变成了一种骄傲，其结果是神经官能症患者认为软弱不仅仅是一种危险，更是一种耻辱。他把人划分为“强者”和“弱者”，仰慕前者而鄙视后者。他对自己认为是软弱的事情更是不留任何情面。他会或多或少地看不起那些赞同自己意见的人，屈服个人想法来达成他人愿望的人，内心压抑或者无法很好掌控个人情绪而总带着冷漠表情的人。他同样会讨厌自己身上所表现出的同样品质。如果他意识到自己身上存在着焦虑或者抑制，就会感觉到耻辱，会鄙视自己患有神经官能症，并焦虑地将这一情况掩盖起来。他同样会因为自己不能单独处理这个问题而鄙视自己。

对权力追求的特殊形式也取决于权力的缺乏是不是最让人恐惧和鄙视的。在这里，我会提到这种追求的一些通常表现。

神经官能症患者想要控制他人也想要控制自己就是其中一点。只要不是自己主持的或者赞同的事情，他都不愿意其发生。这种对于控制欲的追求可能会以一种淡化的方式出现：允许他人获得全部自由，但是他所做的事情自己必须知道，如果有任何事情被隐瞒，他就会非常气愤。控制的倾向可能被压抑到这样一个程度，不仅仅是他自己，他周边的人也相信他对于准许别人获得自由方面持有非常大度的态度。然而，如果一个人完全地压抑了自己的控制欲，一旦对方和其他朋友去约会，或者意外地回家晚了，他就可能会变得特别沮丧，有严重的头痛或胃痛的表现。他并不知道造成身体紊乱的真正原因，而会将其归咎于天气、吃错了东西或者类似不相干的事情上。很多表面上看起来仅是为了满足好奇心理的行为，实际上是由隐秘愿望所掌控和决定的。

同样，这种类型的人倾向于认为自己一直都是对的，当有人证明他错了的时候就会特别生气，哪怕只是一些细枝末节的事情。他希望自己能比其他人掌握更多的信息，这种态度有时候会明显到令人尴尬。那些在其他方面都非常严肃和可靠的人面对一个自己也不知道答案的问题时，可能会假装自己知道，或者胡乱编造一个答案，即使在那种特殊情况下表现出无知并不会让他们名誉受损。有些时候他们会特别强调想要提前知道会发生些什么，并期待和预测每一种可能性。这种态度可能会伴随着对不可控因素的憎恶。他们不愿意承担任何风险。对自我控制的强调体现在憎恨自己被任何感情牵着走。女性神经官能症患者在一位男士身上所感受到的吸引力，会因为男人爱上了自己而瞬间转变成一种鄙视。这种类型的患者很难允许自己自由联想，因为那样意味着失控，会让自己进入未知的领域。

神经官能症患者在追求权力时的另一个典型态度就是渴望以自己的方式行事。如果别人没有按照他希望的方式去做某件事情时，他就会因此大发雷霆。不耐烦的态度也和追求权力紧密相连。任何形式的拖延，任何强迫性的等待（即使是等待交通信号灯）都会引起他的恼怒。神经官能症患者往往并没有意识到这种态度的存在，至少在某种程度上，他并不知道自己有想要指挥其他人的想法。出于自身的利益，他也不会承认更不会去改变它，因为它具有重要的保护功能。别人也不应该承认它，如果别人承认了，就会有一种失去其他人感情的危险。

这种知觉缺乏在恋爱关系中有着重要的含义。如果情人或者丈夫并不能达到预期值，像约会迟到、不经常打电话问候或因事外出，都会让神经质妻子觉得他不再爱自己了。她并没有意识到这是因为事情与自己的意愿不一致而产生的一种愤怒情绪，而自己的这种意愿通常又是难以表达的。她会将这种情况理解为自己不被人需要。这种谬论在我们的文化中确实经常出现，并在很大程度上构成了患者不被需要的感觉，而这种感觉是构成神经质的关键因素。通常情况下，这些都是从父母身上学来的。一个支配欲很强的母亲会痛恨孩子的违抗，她坚信并声明这个孩子不再爱她了。古怪的矛盾经常会在这个基础上产生，并会导致所有恋爱关系以失败告终。神经质女孩不能爱一个“软弱”的男人，因为她们鄙视任何软弱的行为；但是她们也不会爱一个“强势”的男人，因为她们希望自己的另一半总是屈服和让步的一方。因此她们心中渴望的是一个英雄人物，一个超人；同时那个人也是软弱的，他会毫不犹豫地屈服于她的所有愿望。

在追求权力时的另外一个态度就是从不屈服。他们认为同意一种观点或者接受别人的建议是一种软弱的做法，即使在他们看来那是对的，甚至仅仅是这样做的想法就会引发叛逆的心理。坚持这种观点的人会倾向于退缩，他们害怕自己会屈服于别人，而矫枉过正地采取相反的立场。这种态度最一般化的表现就是神经官能症患者心中默默坚定地认为全世界都应该适应自己，而不是自己要去适应整个世界。精神分析过程中的一个根本问题就来自这种想法。对病人精神分析的最终原因不是想要获得知识或者洞察事情的真相，而是通过洞察来改变他的态度。尽管意识到这种改变对自己是有利的，但是这种类型的神经官能症患者会憎恨未来的改变，因为那对他来说还是意味着屈服。在恋爱关系中也包含这种不愿意去做的态度。无论爱意味着什么，它总是暗含着投降，屈服于自己的爱人以及个人的感情。无论是男人还是女人，越是不能做出这种屈服，越是感觉这段恋爱关系不能令人满意。性冷淡中包含着同一因素，因为获得性高潮需要完全放开自己的能力。

我们已经了解了对权力的追求会对恋爱关系造成的影响，这让我们能够更全面地了解被爱妄想综合征的众多内涵。不了解权力的追求在追求爱中所发挥的作用，就不能全面地理解对爱的追求中所包含的态度。

正如我们所看到的，对权力的追求是对抗无助和认为自己无足轻重的一种保护措施，后者的功能和追求名望有共同点。

这种类型的神经官能症患者迫切地想给他人留下深刻的印象，想要被人羡慕，被人尊敬。他会幻想着通过自己的美貌、机智或者一些突出的成就来让人对他印象深刻。他会奢侈地挥霍金钱。他必须能够谈论最新出版的书籍或者最新上映的剧目，结识一些名人名媛。他不能让不羡慕自己的人随便做自己的朋友、丈夫、妻子甚至是员工。他的整个自尊心都依存在被人羡慕上，如果没人羡慕他，他就会觉得自己一无是处。由于他的过度敏感以及接二连三地感觉自己受到了侮辱，生活对他来说就是一种没有尽头的折磨。他往往意识不到这种侮辱，因为真相会更让人痛苦；但是不管他自己有没有意识到，他都会有一种与痛苦相对应的愤怒，这种态度导致新的愤怒和焦虑不断产生。

为了更好地描述这种类型的人，我们称其为“自恋者”（narcissist）。然而，如果从动态的角度出发，那这个词就有点误导大家了。尽管他总是不断地自我膨胀，但他并不是出于自恋，而是想要保护自己不受别人的轻视和侮辱，或者用更简单的话说，为了修复被碾压的自尊。他与别人的关系越是疏远，内心深处就越渴望追求名望；追求名望在他看来就是一种绝对靠谱和有优越感的事情。每一处不足，不管是被清晰认识到的不足还是模糊的感觉，都会被他视为一种耻辱。

在我们的文化中，可以通过追求财富来实现保护自己不受他人轻视或者侮辱的愿望，因为财富能够同时给予权力和威望。非理性追求财富在我们的文化背景中是很常见的，因此只有通过和其他文化相对比才能够令我们意识到无论是从贪得无厌的本能角度，还是从生物驱动力的升华角度来说，这都不是人类的一般本能。只要起决定作用的焦虑有所缓解或者消失了，这种文化中对财富的强制性追求就会消失。

追求财富作为保护手段所要防护的就是对穷困潦倒、寄人篱下的恐惧。对贫困的恐惧就像一条鞭子一样驱赶着人们不停地工作，不愿意错过任何一个赚钱的机会。这种追求所具有的防御性特征就是不能消费自己的钱以获得更大的享受。对财富的追求不一定会直接指向钱或者物质，也会表现为对他人的占有，以及为了防止失去爱所做的防御性措施。占有的现象十分常见，尤其是在婚姻关系中出现的占有关系，法律为这种类型的案件提供了一定基础。由于这种特性和之前讨论的对权力的追求具有很大的相似性，所以这里将不再给出具体的例子。

上面说到的这三种追求，正如我所说的，不仅是抵抗焦虑的保护方式，更是舒缓敌意的有效方法。敌意是表现为主导他人的倾向、羞辱的倾向还是剥夺他人的倾向，具体取决于哪种追求会占据主导地位。

神经官能症患者对权力追求的主导特征不一定表现为对他人怀有敌意。它可能会掩盖在具有社会价值或者人文主义的表象中。例如表现为喜欢给他人提建议，喜欢管其他人的事情，主动提出某事或者领导某事。如果这种态度下暗藏着敌意，其他人——孩子、婚姻伴侣、员工——在感受到之后要么采取顺从的态度，要么会站出来表示反对。神经官能症患者本身并不会意识到其中包含的敌意。即使他在事情没有按照他想象的那样发展时会生气，但他仍然坚持认为自己本身是一个性情温和的人，只是因为有人为了反对他而提出愚蠢的建议才大动肝火。然而，事实却是当事情没有按照他自己的方式取得成功时，神经性敌意会被压缩成一种文明的形式爆发出来。使他大发脾气的事情可能在别人看来并不是反对，例如仅仅是意见上的不一致，或者没能听取他的意见，但是这样的小事不断堆积就会令他勃然大怒。人们会认为起支配作用的态度存在一个安全值，在安全值以内的愤怒会通过非破坏性的方式释放出来。由于这种愤怒本身是一种被淡化了的敌意的表现形式，所以这就为检测破坏性冲动提供了一种切实可行的方式。

因遭受反对而引发的愤怒会被抑制，并且正如我们所看到的，被抑制的敌意会导致新的焦虑发生。它可能表现为情绪低落或者疲惫不堪。由于引发神经官能症患者愤怒的事件是微不足道的，所以人们并不会注意到。神经官能症患者本身也没有意识到自己的反应，这种沮丧和焦虑的状态看起来就没有外界刺激物，只有通过敏锐的观察才能慢慢地揭示出刺激性事件和后续反应之间的联系。

强迫性占主导的深层次特性就是缺乏平衡人与人之间关系的能力。他或者主导整个事件，或者在别人的主导中完全迷失自己，要么变得完全独立，要么就软弱无能。他是如此独裁专制，任何不能取得全部主导权的事情都会让他有屈服的感觉。如果愤怒被压制下来，这种克制会导致他心情沮丧、失落和疲劳。然而，他所感受到的无助可能仅仅是一种确保自己能取得主导权的迂回方式，或者是一种因自己不能起主导作用而产生的敌意。在这里举一个例子，一位女士在国外的一座城市和丈夫一起散步，在到达某一个地方之前，他们会在家里根据地图做一些功课，因此该女士会走在前面充当向导。但是当他们走到未曾在地图上研究过的地区和街道时，女人心里就会缺乏安全感，她会跟随丈夫的脚步。尽管在此之前她一直很愉悦，但是她会突然间觉得浑身疲乏，觉得哪怕往前多迈一步都很困难。我们大多数人都了解婚姻伴侣间的关系、兄弟姐妹间的关系、朋友间的关系，在这些关系中，神经官能症患者就像一个苛刻的上司。为了让他们服从自己的意愿，为了获得无止境的关注和帮助，他把自己的无助当作鞭子一样鞭打着他人。这些情景的典型特征就是神经官能症患者从未在别人做出的任何努力中获得一点好处，而是不断地抱怨，或者又提出新的要求，更糟糕的是，他会谴责别人忽略了自己，亏待了自己。

我们在心理分析过程中可以看到同样的行为。这种类型的患者会不顾一切地向医生寻求帮助，然后不仅不采纳任何建议，还会因为没有得到帮助而产生憎恨情绪。如果他们对自己的一些怪癖有了一定的了解而接受了帮助，他们会再次陷入先前的苦恼中，就好像什么都没有发生过一样。他们会设法消除医生通过不懈努力让他们获得的对自身问题的一些认识，接下来病人会强迫医生采取新的方法来帮助自己，结局注定还是失败的。

病人可能从这样的处境中得到了双重满足：自己表现出无能为力，让医生继续为他服务，从而得到一种胜利的满足感。这一策略同时引发了医生心中无能为力的感觉，由于他自己的纠缠使他不能以一种建设性的方式起到主导作用，所以他找到了采取破坏性的主动的可能。不用说，以这种方式获得的满足是完全潜藏在意识之下的，就像为了获得主导权所采取的技巧也是无意识的一样。患者本身所了解的只是自己非常需要帮助，但是并没有得到医生的帮助。因此在病人看来，自己这样做不仅合情合理，而且也有充足的理由对医生无效的治疗感到生气。同时，病人又会忍不住印证一个事实，即自己在玩儿很阴险的游戏，并因此害怕会被人发现或者报复。因此，出于防御的目的，他觉得自己有必要站在一个有利的位置，所以他采取了反攻的方式，以此来表明他并没有在默默地实施一些具有破坏性的激进行为，而是医生一直忽略自己、欺骗自己，甚至虐待自己。然而，除非当他自己真的感觉遭到了医生的危害，否则他也不会信心十足地维持着这一信念。处在这一情景下的人不但没有兴趣去进一步了解自己是否遭到了虐待，反倒对坚持这一信念抱有强烈的兴趣。他坚持自己被虐待了，往往会给人们留下这样的印象：他想通过让自己受到虐待来证实自己说的是对的。事实上，和我们大家一样，他也不想遭受虐待，但是遭受虐待的这一信念太重要了，所以他不能轻易放弃。

主导态度可能包含了太多的敌意，从而使新的焦虑再次产生。接下来这可能会导致一些抑制作用的出现，例如无法发号施令，不能下定决心，不能准确地表达观点。因此，神经官能症患者通常会表现出过分的顺从，这反过来会导致他错误地认为自己的抑制作用是内心的软弱。

对于将追求名望看作人生第一大事的人们来说，敌意通常会以一种想要羞辱别人的欲望出现。这一欲望在那些自尊心因遭受侮辱而受伤的人以及因此而变得恶毒的人身上得到了最大化的体现。通常他们在童年时期都有过一些受侮辱的经历，这些经历可能和他们成长的社会背景相关——例如属于少数民族，或者本身很贫穷但是拥有非常富有的亲戚们，或者与自己的个人遭遇有关，由于其他孩子而遭受了歧视，被别人蔑视，被父母当成玩物，有时被溺爱有时却被冷落和羞辱。由于这些经历是一些痛苦的回忆，所以很容易被忘记，但是一旦问题触及耻辱一类的事情，这些经历会再次在意识中出现。然而，在成年神经官能症患者中，我们能够观察到的是这些童年经历的间接结果而不是直接结果，它们经历了“恶性循环”后被加强了：感觉受了侮辱；想要羞辱别人；害怕遭受报复而对羞辱非常敏感；更强烈地想要羞辱别人。

想要羞辱别人的倾向会被深深地抑制，因为对于神经官能症患者来说，他们能敏感地理解到被羞辱时会有多受伤，羞辱他人是一件十分具有恶意的事情，所以他们会本能地害怕同样的反应发生在别人身上。然而，一些倾向会毫无意识地出现：不经意地怠慢了他人，让别人等待，不经意间置别人于危险的处境，让别人处在一种依靠他人的处境中。即使神经官能症患者完全没有意识到自己有侮辱他人的愿望或者已经侮辱了他人，在与他人的相处中，他的心中仍弥漫着焦虑，担心自己受到指责或者遭到侮辱。我们一会儿讨论对失败的恐惧时再回过头来讲这些恐惧。由于他们对羞辱极度敏感，因此所产生的抑制作用就会呈现出希望能够避免任何可能伤害或者羞辱到他人的事情。例如，这样的神经官能症患者可能不敢批评他人，不敢拒绝别人的要求，不敢开除一个员工，他会表现得过分体贴或者过分礼貌。

最后，羞辱他人的倾向可能会隐藏在羡慕他人的倾向背后，因为给别人施加侮辱和给人赞赏是截然相反的事情，后者是彰显和隐藏前者的最好方式。这就是这两种极端经常在同一个人身上发生的原因。这两种态度有许多不同的分配方式，分配的原因主要取决于个体的不同。它们会分别出现在人生的不同时期，一段时期对所有人都持轻蔑的态度，一段时期又会陷入英雄式的崇拜；也有可能对男人持欣赏态度，而轻蔑女人，或者相反；或者盲目崇拜某一个人或两个人，然后盲目轻视全世界其余的人。只有在精神分析的过程中，人们才能够发现这两种态度在现实中是可以共存的。病人可能同时盲目崇拜或者鄙视医生，或者压抑着两种情感中的一个，或者在二者之间犹豫不决。

在追求财富的过程中，敌意通常呈现出剥夺他人的倾向。欺骗、窃取、剥夺或者挫败他人的愿望本身并不是病态的。它可能是一种文化的固有模式，或者由于被实际情况所认可而被认为是一种权宜之计。然而，对于神经官能症患者来说，这些倾向充斥着高度的感情色彩。即使他从其中得到的优势微乎其微或者毫不相关，如果他成功了，他还是会兴高采烈、十分自豪。例如，为了买到便宜货，他会花费与节省下来的金钱完全不对等的时间和精力来和对方讨价还价。他获得成功的满足感来自两个方面：一种是觉得自己以智取胜，技高一筹；另一种就是感觉自己伤害了他人。

剥夺他人的倾向会有不同的形式。如果医生不能无偿地治疗病人，或者索要的费用超过了患者的支付能力，神经官能症患者就会憎恨这个医生。如果员工们不愿意无偿加班工作，他就会对员工感到气愤。在与朋友及子女的关系中，他往往会通过宣称他们对他负有责任而将剥夺倾向合理化。父母可能以此为借口让孩子做出牺牲而毁掉孩子的生活，即使这种倾向并没有以破坏性的形式出现。那些认为孩子的存在就是让自己获得满足的母亲，也必然会在感情上对孩子进行剥夺。这种类型的神经官能症患者还会从他人身上扣留一些东西，扣留应该付给别人的钱，或者扣留他本应该提供的一些信息，或者对方期望能够从他身上得到的性满足。这种掠夺的倾向可能通过一些暗示表现出来，如反复梦到自己偷东西，或者有意识地想要去偷盗，但是被自己克制了，他可能在某些时期就是偷盗狂。

这种类型的人往往意识不到自己在下意识地剥夺他人。一旦他们期望得到什么东西，与之相关联的焦虑就会导致抑制作用的发生。例如，忘记买之前想好的生日礼物，或者如果有女人愿意与他们发生关系的时候，他们就会阳痿。然而，这种焦虑并不是总会导致抑制作用的实际发生，但是会逐渐明显地意识到一种潜在的恐惧，即自己正在剥夺或者掠夺他人。事实就是如此，尽管意识里他们会愤懑不平地拒绝这种想法。神经官能症患者在不包含这些倾向的活动中也会产生一定的恐惧，同时仍然不会意识到在其他活动中自己确实剥夺或者掠夺了他人。

这种剥夺他人的倾向会伴随着嫉妒他人的情感。如果别人拥有我们想要得到的某些优势时，我们大多数人的内心都会有些嫉妒。然而，对于正常人来说重点在于自己想要拥有别人的那些优势；而神经官能症患者的重点在于即使自己不想要它们，也不准别人得到。这种类型的母亲会嫉妒孩子们的快乐，并对他们说“谁今天笑得欢，明天就让他哭个够”。

神经官能症患者会极力将自己嫉妒心的丑陋面目转变成一种合情合理的嫉妒，以此起到掩盖的作用。别人的任何优势，无论是牵涉到一个洋娃娃，还是一个姑娘、一种清闲的日子或者一份体面的工作，在他看来都足够光鲜亮丽，让人称心如意，这让他觉得自己的嫉妒是合情合理的。这种合情合理只有通过某种不经意间对事实的歪曲才能实现：低估自己所拥有的一切，错误地认为别人所拥有的好事才是自己最想要的。自我欺骗可以达到这种程度，即连他自己都真的相信自己是因为不具备别人超越自己的某种优势，才处在悲惨的境况中的，而完全忘记了他在其他方面所具备的优势，让自己完全不想和其他人进行角色对换。他为这种扭曲所支付的代价就是无法享受和欣赏近在眼前的幸福和快乐。然而这种不可能，保护了他免受因他人羡慕而感到诚惶诚恐。正像那些有充足理由保护自己不受某些人嫉妒而故意歪曲了事实的正常人一样，他们也并不是有意放弃自己已拥有的满足。但是他做得太彻底，导致真的剥夺了自己获得快乐和幸福的权利。他想要拥有一切，但是由于自身的破坏性冲动以及出现的焦虑，到头来还是两手空空。

很明显，正像我们所讨论的其他所有的敌对倾向一样，这种剥夺和压迫的倾向不仅来自破裂的人际关系，而且还会导致人际关系的进一步破裂。尤其当这种倾向或多或少是无意识的，通常来说，这必然会使他在面对他人时不太自然甚至处于羞怯的状态。面对无所企图的人，他们的言谈举止和态度会十分自然；但只要对方能让自己有利可图，他们便会很不自然。这种优势可能是有形的好处，例如获得某些信息或者某种推荐，或者是更无形的东西，比如未来获得好处的可能性。这种情况适用于性关系，同样也适用于其他关系。这种类型的神经官能症患者对自己不关心的人，相处起来会非常坦诚和自然；但是遇到想让对方在意自己的人时，就会感到尴尬和拘谨。因为对他来说，获得对方的爱和想从他身上得到一些好处是一样的。

这种类型的人可能会有很好的谋生能力，因此他会把自己的种种冲动导向获得利益方面。他们常常也会在赚钱方面存在着抑制作用，所以他们会犹豫要不要向别人索取报酬，或者愿意做大量的工作但是只索取少量的回报，并因此会表现出比真实性格更加大度的特性。他们很可能会因为收入不足而感到不满，却没有意识到不满的真正原因是什么。如果神经官能症患者的抑制作用渗透到他的全部人格，这样的结果会让他无法自立，他必须获得别人的支持才能够正常生活。他会过着像寄生虫一样的生活，以此来满足他的剥夺倾向。这种寄生虫式的态度并不一定以认为“整个世界都欠我”的形式呈现出来，而是通过一种微妙的方式，通过期待他人能够帮助他来实现自己的愿望，希望他人主动采取行动，为他的工作提供建议。总而言之，希望他人承担起自己人生的责任。这样的人会对生活形成一种奇怪的态度：他并没有清楚地意识到这是自己的生活，能有所建树或者虚度一生完全取决于自己，他以一副事不关己的样子度过每一天，就好像好的事情和坏的事情都是从外界而来，与自己的作为没有任何关系，就好像他有权坐享别人的劳动成果，将所有的不如意都归咎于别人。在这些情况下，因为坏的事情一般要比好的事情多，所以他们对整个世界的憎恨情绪也会不可避免地发生。这种寄生虫式的态度在被爱妄想综合征中也能发现，尤其当对爱的需要表现为对物质恩惠的渴求时更是这样。

神经官能症患者剥夺和压迫倾向的另一种常见后果就是产生焦虑，害怕自己会被别人欺骗或者剥夺。他会生活在永久的恐惧中，担心有人想要利用他，想要窃取他的钱或者想法。在面对遇到的每一个人时，他都会表现出一副恐惧的样子，害怕别人对他有所企图。一旦他真的遭受了欺骗，就会产生与事物本身不对等的气愤，例如，出租车司机载他的时候绕了弯路，或者一个服务员向他收取了过多的费用，都会让他大发雷霆。将自己被欺骗的倾向投射到别人身上的心理学价值是显而易见的。对他人产生一种正当的愤怒比面对自己的问题要令人愉快得多。然而，癔病患者经常会将责难看作是一种胁迫的方式，或者恐吓他人使对方产生愧疚感，从而使他们遭受到虐待。辛克莱·刘易斯（Sinclair Lewis）就在描写小说人物多兹沃尔斯女士的性格时，对这种策略进行了精彩描述。

神经官能症患者对权力、威望和财富的追求的目标和方式可以大致表示如下：

目标	为获得安全感以对抗	敌意的表现形式
权力	无助	主导他人的倾向
威望	羞辱	侮辱他人的倾向
财富	贫穷	剥夺他人的倾向

阿尔弗雷德·阿德勒的重大成就在于，他发现并且强调了这些追求在神经官能症患者表现出的症状或者表现出的伪装中所发挥的作用及其重要性。然而，阿德勒认为这些追求是人类本质中最主要的倾向，本身不再需要做任何的解释。①这种感觉在神经官能症患者身上得到了加强的原因就要追溯到心理自卑感和生理缺陷上了。

弗洛伊德同样发现了这些追求的不同内涵，但是他并没有把它们归结到一起来讨论。在他看来，追求名望是自恋倾向的一种外在表现形式。他原本可以将对权力和财富的追求以及其中所包含的敌意看作

---

① 尼采同样对权力的渴望做出了片面的评估，参见《权力意志》。

是“肛门欲施虐狂阶段”的衍生物。然而，后来他意识到这类敌意不能被还原到性欲基础上，所以就将它们看作是“死亡本能”的表现。这样他就保持了生物本源观点。阿德勒和弗洛伊德都没有发现焦虑在产生这样的驱动力中所发挥的作用，也没有发现它们的表达形式中所包含的文化内涵。

第十一章　神经质竞争

在不同的文化背景下，对权力、威望和财富的获取方式会有所不同。它们中有一些可能会来自继承，有一些可能通过个人身上所具备的整个文化背景下所欣赏的某种特质而获得，例如勇气、机智、治疗疾病的能力、与超自然力量沟通的能力、思维活跃等。他们也可以通过一些卓越而成功的活动来获得财富、权力和威望，这主要取决于自身所具备的特质以及一些偶然的环境机遇。在我们的文化中，对地位和财富的继承占据了一定的比例。然而，如果权力、威望和财富必须通过个人努力来获得的话，那么他就必须与他人竞争。竞争主要是以经济为中心，并延伸到其他活动中，渗透到爱情、社会关系和游戏中。因此，竞争是我们文化中每一个人都要面对的问题，发现竞争是神经质冲突永恒的中心就一点也不奇怪了。

在我们的文化中，神经质竞争与正常的竞争关系会在三个方面有所不同。首先，神经官能症患者会一直拿自己和别人做对比，即使在不要求进行对比的情境中也是如此。尽管追求超越他人是任何竞争性情境的本质，但是神经官能症患者会和那些根本不足以成为竞争对手的人以及和自己的目标根本不具有共同性的人进行对比。他们会不加分辨地把谁更聪明、谁更有吸引力、谁更受欢迎应用到每一个人身上。他对生活的态度就好像是赛马比赛中的选手，唯一重要的一件事就是自己是否领先于他人。这种态度必然会导致他对任何事业都失去真正的兴趣。他对所做之事的内容并不关注，更多的关注点被放在了这件事情有多么成功、多么令人印象深刻、通过这件事情能够获得多少名望上。神经官能症患者可能会意识到这种不断把自己与他人进行比较的态度，也可能是在完全没有意识到的情况下自然而然就这样做了。不过他很难意识到这种做法对他的意义是什么。

与正常竞争的第二点不同是，神经官能症患者不仅想要比别人完成得好，比其他人获得更大的成功，更想成为一个独一无二、卓尔不群的人。他们认为，在对比中自己的目标总是最好的。他完全能意识到自己一直被无休止的野心驱赶着前进。然而，在大多数情况下，他或者完全压抑了自己的野心，或者部分掩盖了它。例如，对于后一种情况，他会认为自己并不在意是否会成功，而是在意他所做的事情；或者他认为自己并不想成为人们瞩目的焦点，仅仅想当幕后操控的那个人；或者他承认自己曾经的雄心壮志。在人生中的某一时期——作为男孩，他幻想成为圣诞老人，或者成为第二个拿破仑，或者拯救世界免于战争；作为女孩，她想要嫁给威尔士亲王。但神经官能症患者会宣布说，从那以后他自己的雄心壮志就消失了。他也可能会抱怨现在的自己太没有志向了，要是能有当年的一点点志向该有多好，如果他克制了自己的全部志向，就会认为这个志向总是和自己作对。只有当医生松动了他内心的防御层时，他才会回忆起自己曾有过一些宏伟夸张的幻想，有一些想法曾在头脑中一晃而过，想要成为这一领域的专家，想要成为最聪明最帅气的人，或者对所有的女人都会爱上身边其他的男孩而感到惊奇，甚至在回想时仍感到愤愤不平。然而，在大多数情况下，由于他意识不到志向在他行动中所扮演的重要角色，所以他并不认为这类想法具有什么特别的意义。

这些志向有时候会集中在某一个特定的目标上：智力、魅力、某些方面的成就或是某种德行。然而，有些时候志向并不会集中在某一特定目标上，而是会扩散到一个人的全部活动中。他想要成为自己所接触过的每一个行业中的佼佼者。他想成为伟大发明家的同时也是一位出色的医生以及一位无与伦比的音乐家。一个女人可能不仅想成为自己所在领域的翘楚，同时也想成为一个完美的妻子和最会穿衣打扮的女人。这种类型的成年人会发现自己很难选择或者追求某一个职业，因为选定某一个职业意味着要放弃另外一个，或者至少意味着要放弃一部分自己最喜欢的兴趣爱好和活动。对于大多数人来说，同时学好建筑、临床医学和小提琴确实不是一件容易的事情。同样，这样的年轻人在开始自己的职业生涯时会有很多不切实际的期待：渴望像伦勃朗一样画出优秀的作品，渴望像莎士比亚一样写戏剧，渴望在刚开始进实验室工作时就能够精准地算出血球的数量。他们由于自己过度的野心而有了一些太不切实际的期待，因此他们会很容易失落和沮丧，不久就会放弃努力，重新开始做其他事情。很多有才华的人在一生中就是这样分散自己的精力的。他们确实有在多个领域做出成就的巨大潜力，但是由于兴趣太广泛、野心太大了，最终导致他们不能够持续去追寻任何一种目标，到头来一事无成，白白浪费了自己的才华。

不管有没有意识到自己的野心，人们总是会对野心遭遇的挫折感到格外敏感。例如，一部科学论文或者专著如果不能一鸣惊人，引起轰动，仅仅是产生了有限的影响都会让他感到失望。这种类型的人通过一门难度很大的考试后，可能因为别人同样通过了考试而认为这算不上什么成功。这种持续产生失落感的倾向就是这类人无法享受成功的一个原因。其他原因会在后面详细讲解。自然，他们会对批评有极大的敏感性。很多人最多只出了一部书或者画了一幅画作，因为他们对铺天盖地的批评声极其失望。很多神经官能症患者在遭到上司批评或者招致失败的时候会显现出最原始的状态，尽管这些批评或者失败本身是微不足道的，或者无论如何都不至于造成这么大的精神影响。

与正常性竞争不同的第三点就是，神经官能症患者的志向里面暗藏敌意。他的态度通常是“只有我才是最美丽、最能干、最成功的”。敌意存在于任何一次紧张激烈的竞争中，因为一个竞争者的胜利就意味着其他人的失败。事实上，在个体主义文化中存在着非常多的破坏性竞争，以至于作为一种很孤立的特征，我们勉强称其具有神经官能症特征。这几乎形成了一种文化模式。然而，在神经官能症患者身上，它所带来的破坏性比建设性要更强大：对他来说，看到别人被打败比自己获得胜利更重要。或者更准确点说，对具有病态野心的人们来说，击败别人比自己获得成功更重要。事实上，获得成功对自己来说才是最重要的。但是由于他对成功具有强烈的抑制作用（我们在后面将要看到），这是让他变得具有优越性或者感觉有优越感的唯一方式。将别人打败，让他们降低到自己的水平，或者干脆把他们踩到脚下。

在我们这个文化背景下的竞争行为里，人们为了提高自己的地位或荣誉会压制潜在竞争对手、打垮竞争对手。然而，神经官能症患者会被盲目性的、不加区别的、强制性的贬低别人的欲望所驱使。即使他本身能够意识到那些人不会对自己造成什么实际上的伤害，或者他们的失败可能对自己来说不是一件好事，但他仍会继续这样做。他的感觉可以被清晰地表述为这样的一个想法——“只有一个人能成功”，言外之意，“只有我才能成功”。在这种破坏性冲动背后可能有大量的紧张情绪。例如，一个写剧本的人听说自己的一个朋友也要开始创作剧本，就会突然间燃起一股无名火。

想要打败或者挫伤别人努力的冲动也会出现在其他人际关系中。

一个满腹野心的孩子可能会不顾一切地打破父母在他身上做出的所有安排。如果父母想让他举止优雅、风度翩翩，从而在社会上能够取得成功，他就会使自己的行为成为社会丑闻。如果父母集中精力希望他在智力上能有所突出，他就会对此表现出强烈的抑制作用，表现出自己是个低能儿。这让我想起曾经有两个小病人，他们被父母怀疑智力发育不完全，尽管事实证明他们非常聪明能干。事实上，当他们想要用同样的方式对抗心理医生时，他们想要对抗父母的企图就暴露了。有些时候，其中的一个小朋友会表现出听不懂我在说什么，以至于我开始怀疑之前对她智力水平的判断，直到我意识到她在跟我玩对抗父母和老师一样的把戏。这两个小病人都有着极大的野心，只是在治疗的初期他们的野心被完全淹没在破坏性冲动中了。

同样的态度可能会出现在上课或者任何形式的治疗上。不管是上课还是接受治疗，对个人而言都是有好处的。然而对于这种类型的神经官能症患者来说，更准确一点说，对存在病态竞争性心理的人来说，打败他人的努力或者阻挠老师或医生的成功才是更重要的一件事。如果为了实现这一目的，他们必须表明所有在自己身上做出的努力都没有能够实现，那么他们会愿意付出一直生病或继续无知的代价，以此来向其他人表明自己一点儿都没有好。不用说，这一过程是在没有意识的情况下完成的。在这些人的意识里面，他们会相信老师或者医生实际上是没有能力的，或者对他来说并不是最合适的人选。

因此这种类型的患者会极度害怕医生在自己身上取得成功。他会不顾一切地去打败医生所做出的任何努力，即使这样做会同样暴露出他自己的目的。他不仅会误导医生，或者会保留一些重要信息，还会始终保持原来的状态或者让病情恶化，只要能做到的，他都会去做。他不会告诉医生病情取得了好转，即使要告诉也会以一种很不情愿的方式去做，或者以一种抱怨的形式，或者他会将病情的好转、内省中得到的好处归结为外部因素在发挥作用，例如温度的改变，服用了阿司匹林或者读了一些书。他会不听从医生的任何引导，从而证明医生说的都是错的，或者将之前自己用暴力方式拒绝的医生建议说成是自己的一大发现。后面这类行为在普通的日常生活中就能发现。它构成了无意识剽窃的心理动力，很多关于优越感的争吵都是建立在这样的心理基础之上的。这样的人无法容忍别人有任何新的想法。例如，他会讨厌或者拒绝一个人推荐的电影或者书，就是因为这个人是自己的竞争对手，而书和电影是由他推荐的。

在精神分析过程中，当所有这种行为靠近意识领域时，神经官能症患者会在医生的讲解之后勃然大怒。他们会有一种想要砸烂办公室东西的冲动；或者对医生说一些恶意中伤的话；或者在一些问题明确之后，立刻指出还有一些问题没有解决，即使他已经有了很大的好转，并且理智上也意识到了这一事实，他还是拒绝有任何感激的态度。这种不知感激的态度中还包含其他的因素，例如害怕即将要承担的责任，最重要的因素就是神经官能症患者有时候会感到要把某些事情归功于其他人，心里会有羞辱感。

伴随着打败他人的冲动，他们往往会产生焦虑。神经官能症患者会下意识地认为别人在被打败时会像自己一样感到受伤和充满憎恨。因此他会为伤害到别人而感到焦虑，并且坚持让自己不要意识到自己有这种倾向，并始终坚持认为这些事情实际上是合情合理的。

如果神经官能症患者有很强烈的诋毁他人的态度，他就很难形成积极正面的想法，或者做出任何有建设性的决定。关于某个人或某件事的正面观点会因为别人一丁点的负面意见被毁得面目全非，仅仅是一点小事就完全可以激起他诋毁的冲动。

所有包含在对权力、名望和财富的神经性追求中的破坏性冲动都可以归到竞争的行动中。在我们的文化中会发生一般竞争性行为，即使是正常人也会展示出这些倾向。但是对于神经官能症患者而言，这些冲动对他们来说特别重要，不管这些冲动会给他们带来多少劣势或者痛苦。侮辱、剥削或者欺骗他人的能力成为他获得优越性胜利的手段，如果没有这样的能力，就是一种失败。如果因为不能取得这样的胜利导致他们无法占别人的便宜，他们就会为此勃然大怒。

如果个人竞争性精神盛行于社会的各个角落，那它肯定会对两性关系造成损伤，除非属于男人和女人的生活区域是完全分开的。神经质竞争由于其本身就具有破坏性的特点，相比于一般性竞争会产生更大的祸害。

在恋爱关系中，神经官能症患者打败、压制和羞辱另一半的倾向会发挥重大的作用。性关系变成了制服、贬低对方或者被对方制服、贬低的一种方式，而这种特性显然与性爱的本质是不相符的。经常会发生这样的情况，这一情况被弗洛伊德描述为男人恋爱关系的分裂：男人只对自己标准之下的女人在性方面感觉到了吸引力，对他爱的人或者他仰慕的人既没有性欲也没有性爱能力。对这样的人来说，性交和侮辱倾向有着不可分割的联系，所以当面对他爱的人或者他能爱的人时，他会及时克制住自己的性欲。这种态度可以追溯到他母亲的身上，他在自己母亲身上感到自己遭受了侮辱，所以想要还击报复，但是出于恐惧他把自己这一冲动隐藏在了一种被放大的忠心背后，这一情形通常被描述为固定（fixation）作用。在他以后的日子里，通过把女人分为两种类型的方法找到了一种解决方案，即他对所爱的女人存在的敌意，就表现为以实际行动折磨她们的方式来进行发泄。

这种类型的男人一旦同身份或人品与他相当或比他优越的人谈恋爱，他会隐约地为这个女人感到羞耻而不是骄傲。他可能会对自己这种行为感到困惑，因为在他的意识里女人与男人发生性关系并不会贬低自身的价值。但他没有意识到的是自己以性交的方式来贬低女性的冲动是如此强烈，以至于会在情感上认为女性在发生性关系后对他来说是可鄙的尤物。因此，为她感到耻辱是一种合乎逻辑的行为。女人同样会对她的爱人产生非理性的羞耻感，表现为不想让别人知道自己和他在一起，或者对他的美好品质视而不见，因此对他的实际欣赏远不如他本应该得到的多。精神分析揭示出女人也会有同样的贬低伴侣的无意识倾向。[①]通常情况下，她对其他女人也有这种倾向；但是出于个人原因，这些倾向却更多地集中在与男人的关系上。这种个人因素是各种各样的：对父母宠爱的兄弟的憎恨，对父亲为人软弱的轻蔑，认为自己没有吸引力而预料会被男人拒绝。同样，她出于对其他女人的极大恐惧而不敢对她们表现出侮辱的倾向。

女性和男性一样，也会意识到自己想要制服或者侮辱异性的意图。一个女孩刚刚谈恋爱的时候只抱着一种坦率的动机——想玩弄男人于股掌之间；或者她会故意挑逗男人，等他们爱上自己的时候就立即抛弃。然而，通常情况下她想要侮辱他人的想法并不是有意识的。在这种情况下侮辱会通过种种间接的方式显现出来。例如，她可能会一直嘲笑男人的追求。或者对男人持性冷淡的态度，通过表现出男人不能给自己带来性满足来达到羞辱他的目的，尤其是对于那种被女人羞辱有精神性恐惧的人来说，更是这样。与此相反的现象也会出现在同一个人身上，在性关系中想要被虐待、被贬低、被羞辱。在维多利亚时期存在着一种文化模式，女人认为发生性关系就是对自己的侮辱，只有这种行为被合理化，合乎冷冰冰的规则时，被羞辱的感觉才会有

① 朵连·费根鲍姆在一篇论文中记录了这样一个案例，这篇论文发表在《精神分析季刊》上，题目为《病态羞辱》。然而在这篇文章中他的解读和我的完全不同，因为在最后的分析中他将羞辱的产生归因于对阴茎的羡慕。很多精神分析文献中将这种情况视为女性阉割倾向，或者是阴茎嫉妒，而在我看来这是由想侮辱男人的心理愿望造成的结果。

所缓解。在近三十年里，这种文化影响有所减弱，但是仍然足以用来解释为什么通常情况下女人比男人更容易认为性关系会伤害自尊。这同样会导致女人的性冷淡或者不敢接近男人，尽管她在主观意愿上想要和异性有所接触。女人可能会通过受虐幻想或者性变态来间接实现满足。由于她能预料到会被男人侮辱，所以会对男人产生很大的敌意。

那些对自己的男性魅力不够自信的人很容易怀疑自己被女人接受是因为她们想在自己身上得到性满足，即使很多证据都足以表明女孩是真心地喜欢自己，因此他会感到自己被虐待而产生一种憎恨；或者一个男人认为不能在女人身上得到回应就是一种无法忍受的侮辱，从而担心她不能得到性满足。在他自己看来，这种极大的担心是体贴的表现。然而在其他方面，他可能会变得鲁莽，做事不够体贴，这就表明他表面上关心女人是否得到了性满足，实际上是为了保护自己不受侮辱。

用来掩盖想要贬低或者挫败他人的冲动的方法有两种：用崇拜、羡慕来掩盖，或者通过怀疑使冲动理智化。当然，怀疑可能真实表达了理智上存在着的不同意见。只有这种真正的怀疑被明确排除了，人们才有理由去寻找怀疑背后隐藏的动机。这些动机可能非常表象化，简单地询问这一怀疑的有效性就会引发焦虑。

我的一个病人在每次就诊的时候都会很粗鲁地贬低我，尽管他并没有意识到自己这样做了。后来，当我只是问他在某些特定问题上是否还坚持怀疑我的能力时，他就因自己的所作所为陷入极大的焦虑不安中。

当贬低或者挫败他人的冲动被羡慕的态度掩盖时，问题会变得更加复杂。那些隐约想要伤害和蔑视女性的男人们可能在他们的意识想法中把女人捧上了天。那些无意识中总是想要打败或者侮辱男人的女人们很可能沉浸在英雄崇拜中。精神性的英雄崇拜就像正常人的英雄崇拜一样，对价值和伟大有着很真切的感受，但是精神性态度的特别之处在于这是两种倾向妥协的结果：一种是由于自己在这一方向就有心愿，所以会对成功有一种盲目的崇拜而不管其价值在哪；另一种则是用伪装来掩饰他对成功人士存在的破坏性愿望。

在此基础上，一些典型的婚姻冲突就很容易被理解了。在我们的文化中，这种冲突大多数指的是女性，因为对于男性来说，有更多的获得成功的外在机会，并且有更大的可能性会获得成功。假设一个有英雄崇拜心理的女人嫁给了一个男人，因为他已经很成功或者即将成功，那么在我们的文化背景下，女人也在某种程度上参与了她丈夫的成功，所以只要这种成功一直持续下去，女人就会从中获得满足。但是她却处在一种矛盾中：她爱自己的丈夫，因为他事业成功，但是与此同时她憎恨丈夫的成功；她想要毁掉丈夫成功的一切，却克制住了，因为从另一个角度来说她想参与其中而间接地享受这种成功的喜悦。这样的妻子最终可能会违背自己的愿望毁掉丈夫的成功。例如，通过挥霍来威胁丈夫的财务安全；或者通过无休止的争吵打乱丈夫内心的平静；或者通过阴险狡诈的贬低态度使丈夫丧失自信心。她会无休止地逼迫丈夫取得一个又一个的成功却完全不在乎他自己的利益，这一行为揭露了她所具有的破坏性的愿望。这种憎恨，一旦发生任何失败迹象就可能会变得更加明显，尽管在丈夫成功的时期她从各个方面来看都是一位可爱的妻子，但这个时候她会反过来落井下石，而不是帮助或者鼓励丈夫。因为妻子只要能参与到丈夫的成功中，内心的恶毒就会被掩盖起来，只要丈夫表现出任何失败的迹象，妻子心中的恶毒想法就会再次显露出来。在爱与仰慕的掩盖之下，所有的破坏性活动都在继续进行着。

另外一个例子可以用来说明爱是如何补偿源于野心的挫败性冲动的。一个素来独立性很强、能干且事业成功的女性，结婚之后不仅放弃了自己的工作，而且还养成了依赖的习惯，并且看起来想要放弃所有的雄心壮志——所有这些表现都可以表述为“变得更加像个女人”。她的丈夫经常会表现得很失望，因为他期待找到一个很好的伴侣，结果他发现妻子并不能和自己合作反而老是高高在上。女人经历了这样的变化会对自己的潜能产生精神性的担忧。她隐约地感觉到嫁给事业成功的男人，或者嫁给有希望获得成功的男人，对于实现自己的野心或者获取安全感来说比个人奋斗更可靠。因此，这种情形到目前为止并不会造成紊乱，还能够得出令人满意的结果。但是患有神经官能症的女人却在自己的内心悄悄地抗拒着放弃了自己野心的愿望，并对丈夫充满了敌意，而且根据神经官能症“非有即无”的原则，陷入了一种自己一无是处的感觉中，最终会变成一个无足轻重的人。

正如之前所说的，这种类型的反应更多地会发生在女人身上而不是男人身上。我们或许在文化背景中能够找到其中的原因，即成功是男人的领域。如果情况相反，即女人变得更加强大、更聪明、更有才智、更加成功时，男人会做出同样的反应，这就表明了这种反应不是女性固有的特性。在我们的文化信仰中，男人在除了爱以外的各个方面都比女性优越。因此，这种态度在男人身上较少采取崇拜的伪装，通常都会公开地表现出来，对女性的兴趣和工作造成直接的破坏。

这种竞争精神不仅会对现存的男女关系造成影响，而且也会影响到对未来伴侣的选择。从这个角度来说，我们在神经官能症患者身上看到的其实是竞争性文化中正常人生活模式的放大版。通常情况下，对伴侣的选择往往是由对威望和财富的追求所决定的，也就是说由性欲以外的因素决定。在神经官能症患者身上，这种决定更加盛行。一方面，与正常人相比，神经官能症患者对控制欲的追求，对名望和支持的追求更加具有强迫性；另一方面，由于与他人之间的关系（包括与异性的关系）已经十分恶劣而不能做出更加充分且适当的选择。

破坏性竞争可能以两种方式导致进一步的同性恋倾向：首先，为了避免与同性竞争，他们会产生一种不想接触异性的冲动；其次，由此产生的焦虑需要获得安全感，正如我们之前指出的，想要获得一份稳定的感情往往是抓住同性作为人生伴侣的重要原因。如果病人和医生是同性，那么破坏性竞争、焦虑和同性驱动之间的联系就会在精神分析过程中被发现。这样的病人会经历鼓吹自身成就而贬低医生的阶段，起初他会以一种掩盖的方式这样做，掩盖到自己都不能完全意识到自己会做出这样的行为，接着他会意识到这种态度，但是会将它与感情分离开，他还是无法认识到感情会起到多么强有力的推动作用。当他逐渐开始感觉到对医生的敌意所造成的影响时，他会产生一种与日俱增的焦虑，并伴随着充满焦虑的梦、心悸和烦躁不安。他会突然间梦到医生拥抱自己，并开始产生幻想，希望能与医生有更近距离的接触，以此揭示出他想要缓解压力的需要。在病人最终能够正视自己病态竞争心理之前，这一系列行为会反复出现很多次。

总而言之，羡慕或者爱会以如下方式来补偿挫败性的冲动：让自己不去意识到这些破坏性冲动；让自己与竞争者之间的差距足够大而无法超越，进而完全消除竞争；通过间接性的享受成功或者参与到成功中；安抚竞争对手以免遭报复。

关于神经质竞争在性关系上的影响，以上观点虽不足以表明一切，但是它们足够表明竞争如何造成对两性关系的损害。文化中存在的竞争性破坏了两性之间的美好关系，同时又是焦虑的源泉，因此拥有良好的两性关系变得更加重要。

第十二章　逃避竞争

由于神经官能症患者参与竞争会让他们产生极大的焦虑，结果就导致了他们想要逃脱的想法。现在的问题就是这些焦虑从何而来?

其中的一个来源很容易理解，那就是害怕毫不留情地实现自己的野心会遭到他人的报复。一个人拥有成功或者想要成功时就会将其他人踩在自己脚下，进行侮辱和碾压。这样的人会担心其他人也有同样的想打败自己的强烈的想法。尽管这样的恐惧在那些牺牲他人来获得自身利益的人身上都会存在，却不是让神经官能症患者的焦虑增加、对竞争产生抑制作用的全部原因。

经验表明，仅仅对报复的恐惧并不一定会导致抑制作用的发生。相反，它可能会导致对想象中或真实中的敌意、对手、恶意的处心积虑的算计。某种类型的成功人士只有一个目标，就是获得权力和财富。但是如果将这些人格的结构与神经官能症患者的情况对比，就会发现其中的显著区别。无情追逐成功的人并不在乎别人的感受，他既不想也不期待在别人身上得到任何东西，不想接受任何帮助或者任何形式的慷慨馈赠。他知道凭借自己的努力和能力，足以得到自己想要的东西。当然，他会利用其他人，但是他只关心那些到目前为止有助于自己实现目标的可靠意见，出于自身需要而爱一个人对他来说一点意义都没有。他的欲望和防御措施会为了实现同样的目标而服务：权力，威望，财富。即使是由内部冲突驱使而不得不做出这种行为的人，如果心里没有什么事情能够干扰到他的追求时，也不会产生神经性性格特征。恐惧会逼迫他更加努力地变得更成功，更加不可战胜。

然而，神经官能症患者会追求两种互不相容的目标：很激进地追求“唯我独尊”的主动权；同时又希望能够被每个人爱。这种夹在雄心壮志和感情之间的处境就是神经官能症患者的主要冲突之一。为什么神经官能症患者会害怕自己的雄心和需求，为什么他不想去面对它们，为什么他会阻止和逃避这种野心和要求，主要原因是他害怕失去感情。换句话说，神经官能症患者之所以阻止自身竞争力不是因为他有特别迫切的“超我需求”，这种超我不允许他过分激进，而是他发现自己处在两边都是同等迫切需要的困境中：他的雄心壮志和对爱的需要。

这种困境实际上是很难解决的。一个人不可能踩在别人身上，同时还会被他们爱。但是在神经官能症患者身上这种压力特别大，他们不得不努力解决。总的来说，他们企图用两种方式来解决这一问题：

第一种是使支配欲及没能完成要求时的不满情绪合理化；第二种是限制自己的野心。我们可以简单谈一下他们是如何努力将自身激进的需求合理化的。它们的性质和特征与我们之前所讨论的那些神经官能症患者获得爱的方式，以及他们如何使这些方式合理化时所发现的那些性质和特征完全一样。无论是在这里还是那里，合理化都是一种重要的战略：将需求变得合情合理，无可争辩，那么它们就不会成为阻止自己被人所爱的障碍。如果在一场竞争中，为了达到羞辱他人或者碾压他人的目的，贬低了其他人，那么他会确信自己的做法是完全客观的。如果想要剥削他人，他会相信并且试图使其他人也相信，自己真的需要他们的帮助。

正是这种合理化的需要，而不是其他东西让狡猾而隐秘的不真诚渗透到一个人的性格中，即使这个人本质上是个老实人。同样，这也解释了神经质人格中最常见的一种倾向——顽固的一贯正确心理。这种倾向有时显现出来，有时隐藏在顺从或者自我博弈（self-recriminating）的态度背后。这种一贯正确心理经常会和“自恋”相混淆。事实上，它和任何形式的自恋都没有任何关系，甚至没有包含任何自鸣得意和自我欣赏的成分。因为和表面现象相反的是，他从没有认为自己做的是对的，仅仅是不断地想要显得正当合理。换句话说，是急切想要解决某些特定问题的需要而产生的防御态度，这种态度归根结底是由焦虑产生的。

对合理化的观察可能是启发弗洛伊德产生特别严格的“超我”要求

的想法中的一个因素，而神经官能症患者往往会在行动上屈服于破坏性冲动。合理化需要还存在对我们的解释极富启发性的一面。此外，作为处理与他人关系不可或缺的战略性手段，合理化在很多人身上也是一种满足自身需要的方式，而在他们看来这是不应该受到责备的。我会在讨论完愧疚感在神经官能症患者身上所发挥的作用后再回过头来看这个问题。

焦虑掺杂在神经性竞争中的直接后果就是害怕失败的同时也害怕成功。害怕失败在某种程度上是担心被侮辱的表现形式，任何失败都会是一种灾难，一个女孩在学校没能如愿知道自己想了解的事情，不仅会感到非常耻辱，还会觉得班上的其他女孩子会鄙视她，并联合起来排挤她。这种反应给她带来了很大的压力，因为她会不断地把很多事情看成是失败，而实际上这些事情和失败没有任何关联，或者最多是无关紧要的失误。例如在学校没能拿到最高的分数，考试时某一部分题目没有做出来，或者没能把聚会办得格外成功，或者在对话过程中没有表现得非常明智。总之，她将任何没有符合过高预期的事情都视作失败。任何形式的拒绝，正如我们所看到的，都会让神经官能症患者产生强烈的敌意，同样都能让他们感到挫败，因此被他们视为一种侮辱。

神经官能症患者的这种恐惧会持续加强，因为他害怕别人知道了自己持续不断的野心后，看到自己失败会欣喜若狂。他所担心的并不是失败本身，而是已经以某种形式显示了自己在与其他人的竞争中确实想要获得成功，并通过努力去实现的情况下，他失败了。他觉得单纯的失败还能够被原谅，能够唤起人们的同情而不是敌意，但是一旦他暴露出自己对成功的兴趣，就会被一群想要置他于死地的敌人包围，那些人虎视眈眈，看到任何脆弱或者失败的迹象都会猛地扑过来想要吞噬他。

由于恐惧的内容不同，态度也会发生变化。如果内容偏向于对这种失败类型的恐惧，他会加倍努力，甚至为了避免失败而竭尽全力。严重的焦虑会在重大的体力或能力测试时出现，例如考试前或者公开亮相前。然而，如果恐惧的内容偏向于害怕其他人的话，结果就会恰恰相反。他所感到的焦虑会让他冷漠地对待任何事情，并且他也不想做出任何形式的努力。这两种反差的对比是值得注意的，因为它展现出的是两种很相像但又不同的恐惧，从而会产生两种截然不同的性格特点。第一种类型的人会为了考试发疯一样地复习，但是第二种类型的人却很少准备，要么大张旗鼓地沉浸于社交活动，要么沉溺于个人爱好，展现给世界的就是对任何事情都毫无兴趣的样子。

通常情况下，神经官能症患者并不会意识到自己的焦虑，他所能看到的只是焦虑所造成的后果。例如，他可能会无法专心工作，或者存在害怕得抑郁症的恐惧，例如担心体力活动会引发心脏疾病，或者担心过多的脑力劳动会导致精神崩溃，或者在任何劳动过后都会变得筋疲力尽——当一项活动中包含焦虑的时候，很容易让人产生焦虑，他会将这种筋疲力尽作为一种证据，证明这些努力对自己的健康是有害的，因此必须避免。

在他努力避免任何努力的时候，神经官能症患者会在各种形式的娱乐活动中失去自我，比如从玩纸牌游戏到举行各种聚会。他也可能采取一种姿态，从表面看来会让人感觉他很懒散、好逸恶劳。女性神经官能症患者可能连穿着都会有些邋遢，她们宁可给人留下不在意穿着打扮的印象也不愿意让人觉得自己总是在刻意打扮。因为她觉得刻意打扮会招致别人的嘲笑。一个长相出众的姑娘总是觉得自己土里土气，出席公众场合也不敢涂脂抹粉，因为她总觉得别人会想："那个丑八怪想要让自己变得有魅力，这是多么愚蠢！"

因此，总的来说，神经官能症患者会认为不要刻意去做自己想做的事情才最安全。他们的格言是安分守己，谦虚谨慎，不要太引人注目。正如凡勃伦（Veblen）所说，引人注目（例如引人注目的休闲，引人注目的挥霍浪费）在竞争中发挥着重要作用。相应的，逃避竞争的重点就是要采取相反的做法，避免任何引人注目的行为。这就意味着坚持传统的观点和标准，不当公众关注的焦点，不要与众不同。

如果逃避的倾向占据了性格的主导地位，它就使人不敢冒任何的风险。不用多说，这种态度会带来生活的贫瘠和潜能的扭曲。因为除非环境是非常有利的，不然任何幸福或者任何形式的成就都是需要冒风险、付出努力才能获得的。

到目前为止，我们已经讨论了对可能发生的失败的恐惧，但这仅仅是神经性竞争中焦虑的一种表现形式。这种焦虑同样可能产生对成功的恐惧。在很多神经官能症患者身上，敌对他人的焦虑是非常巨大的，以致他们害怕自己会成功，即使有充分的把握取得成功。

对成功的恐惧来自害怕别人的嫉妒从而失去他人的爱。有时候这是一种有意识的恐惧。在我众多的病人中，有一位是极具天赋的作家。她因为自己母亲开始写作并获得了较大成功而放弃了写作。很长一段时间后她重新开始写作却忧心忡忡、迟疑不决，她并不是担心写得不好，反倒担心会一下子写得太好了。这个女人在很长一段时间里什么事都不能做，主要原因就是太过担心其他人会嫉妒她做的每件事情；因此，她把所有精力都用来讨好别人。这种恐惧还可能表现为一种隐约的担心，害怕如果自己太成功就会失去朋友。

然而，这种恐惧就像其他很多恐惧一样，神经官能症患者并不能经常感觉到，而只是感受到了由此导致的抑制作用。例如，当这样的一个人在打网球时，他感到自己就要成功了，却有种什么东西在后面拖住了他，让他最终失败了。或者他可能会忘记赴一场对自己未来具有决定性作用的约会。如果在讨论或谈话中，他有中肯而有益的意见，会以很低的声音去说，或者采用简练的表达方式，这样他就不会给人们留下特别的印象。或者他会让别人代替他宣布完成的工作。他会发现和某些人在一起时能侃侃而谈，而和另一些人在一起的时候却显得非常愚钝。和某些人在一起的时候，他玩乐器能玩得得心应手，时不时就能炫技，然而和另外一些人在一起的时候自己却表现得像个初学者。尽管他会对这种不稳定的状态感到很困惑，但还是没办法改变。只有认识到自己的逃避倾向时，他才会发现一旦和不如自己聪明的人交谈时，自己会强迫性地表现出更不聪明；一旦和一位技法拙劣的音乐家一起表演时，自己会不知不觉表现得更糟。因为他的内心被一种恐惧所驱使，害怕比他人优秀就会伤害和侮辱到人家。

最后，一旦取得了成功，他不仅无法享受到成功的喜悦，也不认为这是自己的一段人生经历，反倒会把原因归结于偶然因素或者某些不重要的外界刺激或者来自外界的帮助等来削减自己的成功感。成功之后他会感到非常沮丧，部分是因为这种恐惧，部分是因为未被承认的失望，由于实际获得的成功总是不及自己暗自期望的那样大。

神经官能症患者的这种矛盾情景一方面来自狂热而强制性的愿望，想要在竞争中获得第一名，与此同时，一旦他获得了良好的开始或者取得了任何进步，同等强度的强制作用又会阻挡他成功。如果他做某件事情获得了成功，那么下次他一定会搞砸；如果这堂课学得好，下一堂课一定会很糟糕；如果治疗取得了一点进展，接下来一定会故态复萌；如果这一次给人们留下好印象，接下来的表现一定会很糟糕。这种结果会一直持续发生，让他感觉自己就在毫无希望地与不可战胜的奇怪事件做斗争。他就像是珀涅罗珀①一样，每天晚上都会

---

① 珀涅罗珀，希腊神话中奥德修斯的妻子。奥德修斯在特洛伊战争结束后漂流海上，十年未归，求婚者云集家中追求其妻。珀涅罗珀诈称须织完为奥德修斯的父亲做寿衣的锦缎，才能答应他们的要求。为了拖延时间，她每天晚上都把自己织成的锦缎拆开。——译者注

把白天织好的锦缎重新拆掉。

在人生的每一个阶段都有可能发生抑制作用：神经官能症患者可能会完完全全抑制自己的野心，以致他不想做任何一种工作。他可能想做一些事情，却没有办法集中精力或者没有办法实施。他可能取得了巨大成功，即使内心充满了感激也无法表达出自己的感激。

在众多逃避竞争的方法中，或许最重要的方式就是在想象中创造出与真实的竞争对手或者是假想的竞争对手之间存在着无法逾越的差距，这样一来任何形式的竞争都变得可笑，因此在意识中消除了竞争心理。这种距离的产生可能是将对方设定在高不可攀的高度，或者将自己放在远远低于其他人的地方，从而让任何竞争性的想法或尝试看起来都是可笑而不可能实现的事情。后一过程我称作“自我轻视”。

自我轻视作用可能仅仅是出于利己目的的有意识战略。如果一位大作家的徒弟完成了一部非常好的作品，但是担心会遭到师傅的贬低，为了缓解师傅的嫉妒他会自己贬低自己的作品。然而，神经官能症患者只有一种模糊的自我贬低倾向。如果他出色地完成了一份工作，他会非常认真地认为其他人做得更棒，或者他的成功只是出于偶然，如果再有一次机会，他做得就不会像这样好。或者即使做得很好，他也会挑出一些不足，比如工作完成得太慢，以此来低估自己所获得的成就。患有神经官能症的科学家可能会对自己所研究领域的问题一无所知，以致他的朋友不得不提醒他还专门写过这方面的著作。

当被问到一个很愚蠢的或者没有办法回答的问题时，他会觉得自己很愚蠢；当对一本书的内容隐约有不同意见时，他会不加任何分析就认为自己太笨了所以读不懂。他可能还会坚持这样一种信念，认为自己在看待自身问题时采取了认真而客观的态度。

这样的人不仅会看到这些自卑感的表面价值，还会坚持这些看法的有效性。不管自己有过多少抱怨，也不管这些自卑感给他带来了多少痛苦，他远不能接受任何证据以打消这些看法。如果他被认为是非常有能力的员工，他会坚持说自己被高估了或者说他的成就是一种令人吃惊的假象。在此之前我所提到的那个女孩，在遭遇了自己哥哥的羞辱之后，对学业产生了极大的野心，她一直是班里的第一名，班里的每一个人都认为她是一名优秀的学生，可是在她的头脑里仍然坚信自己是愚笨的。尽管一个女人照一照镜子或者吸引到身边男士的注意力就足以说明她很有魅力，但她仍坚信自己缺乏魅力。一个人可能到四十岁的时候仍认为自己太年轻了而不能发表自己的意见或担任领导工作，但过了四十岁后他又会感觉自己太老了。一位知名学者总是为不断赢得的尊敬而感到惊讶，因为在他心里自己只是一个平凡人。别人的称赞对他来说不过是空洞的阿谀奉承，或者是出于不可告人的动机，最终引起了他的愤怒。

这种现象几乎到处都能看到，表明了在我们这个时代最为普遍的恶魔——自卑感，正发挥着重大的作用。正因为这个，它才会被坚持和保护。它的价值就在于在自己心中贬低自己，借此显得自己低人一等来阻止自己的野心，那么与竞争相关联的焦虑就会得到缓解。①

顺便说一句，我们不应该忽视自卑感由自我轻视作用而产生的负面作用，从而降低了一个人的实际地位。一定程度的自信是获得任何成功的前提条件，不管这种成就是按标准食谱拌沙拉，还是推销商品，为自己的观点辩护，或者给他人留下一个好印象。

如果一个人的自我轻视倾向太严重，那么他可能会在梦中梦到竞争者们比自己有优势，自己不如人家。毫无疑问，在他的潜意识里想要实现的愿望是成功而不是成为竞争者，因此这样的梦看起来就和弗洛伊德的梦是愿望满足的见解相矛盾。然而，我们不能太狭隘地看待弗洛伊德的观点。如果直接的愿望满足包含了太多的焦虑，那么缓解焦虑就比直接实现愿望更加重要。因此当一个害怕自己野心的人在梦里梦到自己失败了，在梦里表现出的并不是他想要失败，而是宁可失败，因为这样所造成的损害要小一些。我的一个病人在某一阶段的治疗期中，想要竭尽全力打败我，所以她计划要做一次演讲。然后她在梦里梦到我的演讲非常成功，她只能坐在观众席，卑微地仰慕我。再

① 戴·赫·劳伦斯在小说《虹》中对这种反应做出了生动的描写："这种残忍和丑陋的感觉总是浮现在脑海中，随时准备要抓住她，这些怀有嫉妒心的乌合之众在一旁虎视眈眈，因为她是如此出众，这对她的生活产生了最重大的影响。不管她在学校还是与朋友在一起，走在大街上或者坐火车的时候，她都会出于本能贬低自己，使自己变得渺小，假装比实际情况还差，她害怕自己那未被发现的我会被其他人发现，并因此遭到众人攻击，被普通大众或者平凡的自我憎恨和猛烈攻击。"

举一个例子，一个怀有野心的教师梦想着自己的学生变成了老师，而自己却不能完成他布置的作业。

自我轻视对梦想的阻止作用可以通过这样的事实来证明，即被贬低的能力通常是个人欲望中最想超越别人的能力。如果他的野心是想变得更有智慧，那么才智就是实现这一野心的工具，因此会被贬低。如果这个人想变得更有性吸引力，那么美貌和个人魅力就是实现这些的工具，因此它们也会受到贬低。这种联系是非常普遍的，人们可以在自我轻视倾向的集中处发现最大的野心。

到目前为止，自卑感和任何实际上的不足没有任何关系，我们仅仅是把它当作逃避竞争倾向的影响来加以讨论的。它们真的与现存不足或者实际缺陷没有任何关系吗？实际上，它们是现实与想象中不足的结合体：自卑感结合了以焦虑作为动机的自卑倾向和实际缺陷。正如我所多次强调过的，我们最终都没有办法欺骗自己，尽管我们能够成功地让自己不去意识到某些冲动。因此，具备我们所讨论的这种性格的神经官能症患者会在内心深处知道自己的反社会倾向必须隐藏起来，他的态度远远谈不上真诚，他们的借口也和表象之下的暗流远远不同。所有这些矛盾化的表达都是造成自卑感的重要原因。即使他们从没有清楚地认识到这些矛盾的来源是什么，因为它们就来自被压抑的驱动力。没有意识到它们的真正来源，他给自己解释产生自卑感的原因就不是真正的原因，而是想努力做出合理化的解释。

他有自卑感的另外一个原因在于这是现存缺陷的直接表达。在他的野心之上，他为自己搭建了关乎自身价值和重要性的幻想平台。他忍不住将自己的实际成就与想象中的天才或者完美人类进行对比，正是在这种对比中，他的实际行为或实际可能性显得低劣了。

所有这些逃避倾向的全部结果就是神经官能症患者真正地失败了，或者按照他的机会和天赋，他并没有做到本应该表现出的水平。那些和他同步开始的人走到了他的前面，拥有了更好的事业，获得了巨大成功。这种落后于他人并不单单指事业上的外在成功。随着年纪的增大，他越来越会感觉到自己的潜质与所实现的成就间存在的差距。他会敏锐地感觉到自己的天赋（不管是什么天赋）都被白白浪费了。他感觉自己受制于人格的发展，随着时间的流逝，自己并没有变得心智成熟。[①]他在意识到这种矛盾差距后，会产生一种模模糊糊的不满心理。这种不满心理并不带有受虐狂的性质，而是真实的、恰当的。

正如我所说的，个人潜质与取得的成就之间的差距可能取决于外界环境，但是存在于神经官能症患者身上的差距以及他们身上具有标志性的特征却是由内部冲突造成的。他在现实生活中的失败会进一步加大个人潜质与成就之间的差距，这会毫无悬念地为已经存在的自卑感增加更大的压力。因此他不仅觉得自己不如别人，而且实际上也低

① 荣格曾明确指出四十多岁的人所面临的问题，他们的人格发展受到了阻碍。但是他并没有发现导致这种情况发生的现实条件，因此并没有找到令人满意的解决方法。

于自己可能达到的水准。由于他把自卑感建立在现实的基础上，因此对人格发展所造成的影响会更大。

与此同时，我所提到的其他差距——高涨的野心与相对残酷的事实之间的差距，是如此难以忍受，因此它需要采取一定的补救措施。由于这种补救措施的出现，幻想出现了。更多的神经官能症患者会用浮想联翩来代替实际可获得的目标。这些夸张的想法对他所具有的实际价值是明显的：它们掩盖了自己因为一无是处而产生的难以忍受的感觉；它们使他即使没有参加任何竞争也会觉得自己很重要，因此也不会有任何成功或者失败的风险；它们使他建立起可实现目标之外的伟大幻想。正是这种伟大幻想的毫无出路的价值使他们变得很危险，因为对神经官能症患者来说，与勇往直前的大道相比，毫无出路的死胡同有更明确的好处。

这种狂妄自大的神经质想法和正常人的狂妄自大或者精神病人的狂妄自大是有区别的。即使正常人有时候也会觉得自己特别棒，将某事成功的重要性过多地归结到自己身上，或者沉浸在未来能够干出怎样的一番事业的幻想中。但是这些幻想仍然只是起装饰作用，他自己也没有特别当真。狂妄自大的精神病患者会是另外一种极端化的情况。他会坚信自己就是一个天才，像拿破仑、耶稣等一样的人物。他会拒绝那些证明自己的信念是错误的事实。他完全不能理解任何善意的提醒，提醒他实际上就是一个可怜的门童、一个精神病院的病人，或者别人鄙视和嘲笑的对象。如果他意识到了这种差距，他还是会决定支持自己狂妄自大的想法，并且认为别人根本不了解情况，或者别人是为了伤害他而故意不尊重他。

神经官能症患者从某种程度上来说介于这两个极端中间。如果他能完全意识到自己夸大的自我价值，他所做出的意识反应就更接近一个健康人。如果在梦里他乔装打扮成皇室成员出现，他可能就会觉得这样的梦很好笑。他的这些狂妄自大的想法，即使在意识中被认为是不现实的事情，但是对他来说所具有的情感上的现实价值和对精神病人所具有的现实价值是一样的。这两种情况都有一个共同的原因：这些夸大的幻想都具有很重要的功能。尽管它们是脆弱而不稳定的，但它们是自尊得以建立的基石，因此他必须抓住它们。

当自尊心遭到打击时，潜伏在这一作用下的危险就会显露出来，这些支柱就会坍塌，接着他会摔倒，并从此一蹶不振。例如，一个有充足理由相信自己被深爱着的女孩，意识到那个男人在犹豫要不要娶自己时。在一次谈话中，他告诉她自己还太年轻，太没有经验，所以现在结婚还早，他想在决定将自己的一生紧紧锁定给一个人前再多谈几次恋爱，见识一下其他姑娘。从此之后，她开始变得沮丧并且一蹶不振，感觉工作不能给她带来安全感，对失败充满了巨大的恐惧，接着想和任何事物隔离开来，不想接触任何人，也不想接触任何工作。这种恐惧太强大，一些鼓励性的事件都不能再次让她获得安全感，例如男人后来决定想要娶她为妻、她得到一份对自身能力有更多赞赏的工作等。

神经官能症患者和精神病患者不同的是，他们会忍不住记住所有的痛苦和敏感，会把现实生活中千千万万件与头脑中不同的事情记在心上。结果他的自我评价总是在好与坏之间徘徊不定。任何时候他都可能从一个极端切换到另一个极端。同时他会特别坚定地认为自己具有独一无二的价值，甚至还可能会因为别人对自己很重视而感到诧异。或者同时他因感到自己远不如别人而很痛苦时，别人认为他需要帮助也会导致他大发雷霆。他的敏感可以和一个全身受伤、轻微触碰就会畏缩的人相比。他很容易感到自己内心受伤、被鄙视、被忽视，感觉自己很渺小，并且会伴有适度的恶毒仇恨心理。

我们又一次看到“恶性循环”发挥作用了。尽管夸张想象具有一定的安慰价值，能以想象的方式提供一些帮助。但是，它们不仅强化了逃避倾向，更通过敏感这一媒介产生更大的愤怒，并因此引发了更大的焦虑。可以确定的是，这是重症神经质的倾向，但是也会小范围地在轻微病症中出现。在这种情况下，患者自己也很难意识到这种情形。然而，从另一方面来说，只要神经官能症患者能够从事一些建设性的工作，就能够建立起某种良性循环。通过这种方式来增强自信心，也就没有那么多必要进行夸张的幻想了。

由于神经官能症患者缺乏成功的经历，在各个方面都落后于其他人，不管是在事业上还是婚姻上，安全感还是幸福感，他们对其他人会产生嫉妒心理，并由此加强了从其他来源产生的贬低性嫉妒。当然很多因素可以使他抑制住这种贬低态度，例如与生俱来的高贵性格，深信自己没有任何权力能够为自己索取任何东西，或者仅仅是没能意识到自己正处在不幸中。然而越是进行抑制，贬低性态度越会投射到其他人身上，有时候会产生偏执性恐惧，认为其他人在一切事情上都嫉妒自己。这种焦虑太严重了，即使有好事情发生在他身上，如找到新的工作，别人对自己的奉承和赞赏，获得一笔财富，收获了一段美好的爱情，都会让他感觉到明确的不安。这种焦虑会极大程度地加强这种抑制倾向，阻止他拥有任何东西或者去任何地方。

抛开所有的细枝末节，对权力、威望和财富的神经性追求导致了“恶性循环”的发生。其要点可以粗略概括如下：焦虑、敌意，自尊心受损→对权力一类的事物进行追求→被强化的敌意和焦虑→逃避竞争的倾向（伴随着自我轻视倾向）→导致失败以及潜能与实际成就之间存在差距→强化的优越心理（带有贬低性的嫉妒）→强化的自大想法（伴随着嫉妒恐惧）→强化的敏感性（全新的逃避倾向）→强化的敌意和焦虑，从而使新的循环重新开始。

然而，为了全面了解嫉妒在神经官能症患者身上发挥的作用，我们必须以综合的视角来看待这个问题。神经官能症患者，不管他们能不能意识到这一点，他们不仅仅是不幸福的人，还看不到任何摆脱痛苦的希望。被外界观察者说成的恶性循环就来自想要寻求安全感，而神经官能症患者却感觉自己被困在绝望的网中。就像我的一个患者所描述的，他感觉自己被关在有很多门的地下室中，不管他打开哪扇门，门的那头通向的都是新的黑暗，而他自始至终都知道其他人在阳光下行走。我相信如果不理解瘫痪性绝望是什么感觉，一般人是很难理解重症神经官能症患者的。一些神经官能症患者会用明确的话语来表达他们的愤怒，但是对另外一些人来说，却通过顺从或者表现出的乐观把愤怒掩盖过去。那就很难看到隐藏在所有古怪的空虚、欲望、敌意背后，人们正在遭受着的痛苦。他们觉得自己永远都被排除在理想生活之外，即使他们得到了想要的东西也无福消受。当人们意识到这种绝望的存在时，就不难理解那些看上去富有进攻性或者非常卑鄙的态度，看上去在特殊情景中也很难解释的行为了。一个被幸福永远地关在门外的人，要是没有对这个不属于自己的世界产生憎恨，就真成为名副其实的天使了。

接下来回到嫉妒的问题上，这种逐渐产生的无助就是嫉妒不断得以产生的基础。并不是因为某些东西很特别而产生嫉妒，而是正如尼采所说的，是对每一个感到更安全、更冷静、更幸福、更坦率和更自信的人都带有普遍性的嫉妒。

如果一个人产生了这种绝望的感觉，不管是不是接近他的意识层面，他都会试图为其做出解释。他并不像医生一样把它看作是不可抗拒的过程的结果。相反，他会认为这样的后果要么是自己造成的，要么是别人造成的。尽管在大多数情况下，造成这一结果的一种原因或几种原因已浮现在眼前，他还是会在责备自己的同时责备他人。当他将罪过指向他人的时候，责难性的态度就会产生，这种态度一般会直接指向命运，指向外界环境，或者对他意义特殊的人：父母、老师、丈夫、医生。正如我们经常指出的，对他人的神经性需要在很大程度上能从这点得到解释。神经官能症患者的想法就像遵从着这样的一条线路：由于你要对我所有的遭遇负责，所以你有义务帮助我，我同样有权利在你身上有所企图。只要他开始寻找自己内心中罪恶的来源，他会感到自己的痛苦是罪有应得。

说到神经官能症患者责备于他人的倾向可能会让人产生一些误解。听起来好像他的指责都是无理取闹，事实上，他有充分的理由愤愤不平，因为他确实被不公平地对待了，尤其是在童年时期。但是在他的指责中同样存在着神经质因素，它们经常取代了朝着积极目标所做出的创造性努力，而且他通常都很麻木，不分青红皂白。例如，他可能直接指责那些想要帮助他的人，但当面对想要伤害他的人时，他可能毫无能力来感受或者表达自己的谴责。

第十三章　神经质愧疚感

在神经官能症患者所呈现出的状态中，愧疚感似乎发挥着举足轻重的作用。一些神经官能症患者会大量公开表达出这种感觉，而另外一些神经官能症患者却更具伪装性，但是仍然能从他们的举止、态度、思考方式和行为方式中显现出来。首先，我会以概括的方式对愧疚感的各种表现形式做一个总结性的描述。

正如我在上一章中提到的，神经官能症患者通常以自己不配拥有更好的生活来解读自己的悲惨遭遇。这种感觉可能相当模糊，极不确定。或者这种想法依附于社会禁忌类的想法和活动中，如手淫、乱伦的愿望、希望自己的亲人死去。这种人稍有什么风吹草动就会产生愧疚感。如果有人想来看他，他的第一反应就是觉得这个人是为自己之前所做的事情来指责自己的。如果朋友很长一段时间不来看望自己或者不给自己写信，他又会想自己是不是得罪了他们。如果任何事情出现了错误，他都会觉得这是自己的过错。即使明显是其他人犯错，很明显地错怪了他，他仍然会为此责备自己。发生任何利益冲突或者争执，他都会倾向于盲目地认为别人是对的。

在这些潜在的、随时会浮现出的愧疚感和那些在抑郁情境中的、无意识的愧疚感之间只有一条波动不定的界限。那些被认为是无意识的愧疚感在沮丧的条件下显得格外明显，它们通常采用一种很荒诞或者至少很夸张的自我指责方式。同样，神经官能症患者一直在持续地努力证明给自己和其他人这些是正当合理的，尤其是当这些努力的巨大战略价值没有被认可时，这些被搁置的游离的愧疚感就被发现了。

神经官能症患者害怕别人反感自己的恐惧，害怕被别人揭穿的恐惧进一步表明了模糊的愧疚感的存在。在他们与医生间的讨论中，他可以表现出自己与医生之间的关系就像罪犯与法官之间的关系一样。因此在精神分析的过程中很难进行配合。他会把医生的每一种解释都当作是一种责备。例如，当医生告诉他在某种防御性态度背后都会隐藏着一种潜在的焦虑时，他会回答“我知道我是一个胆小鬼。”如果医生解释说，他因害怕遭受拒绝而不敢接近他人，他会接受这种指责，然后解释说，这样做只是想让日子过得更轻松一点而已。对于完美的强迫性追求的演变，很大程度上是为了躲避别人的拒绝。

最后，如果发生了什么不利事件，例如丢失了一大笔财富或者发生了一场意外事故，神经官能症患者反而会感到彻底的放松，甚至一些神经质症状都会消除。对这一反应的观察，以及神经官能症患者有时似乎想要安排或引发不利事件发生的这一事实，会让人们得出这样的一个推论——他们内心的愧疚感是如此强烈，以至于他们为了摆脱这种折磨宁可接受惩罚。

因此，我们面前就好像有大量的证据，不仅证明了神经官能症患者身上存在着格外敏感的愧疚感，同时这种愧疚感也会对人格造成一定影响。但是尽管存在明确的证据，人们还是会问，神经官能症患者有意识的愧疚感是不是真的发自内心，无意识的愧疚感所表现的症状会不会还有其他的解释？有很多理由会导致我们产生这样的疑问。

愧疚感同自卑感一样，并不是一无是处的。神经官能症患者远不是急切地想要摆脱它们。事实上，他坚持着自己的愧疚感，并且顽强地抵抗着能够消除这些痛苦的尝试。这一态度本身就足以表明在他对愧疚感执著的背后，一定存在着某种具有重要作用的倾向，就像自卑感一样。

我们仍需将另外一个因素牢记在心。要真诚地表达悔意或者为某件事情感到羞耻是痛苦的，更令人痛苦的是明知道这些却还要向其他人表达这种感受。事实上，神经官能症患者理应比正常人更害怕这样做，因为他们害怕会遭到别人的拒绝。而在表达我们所谓的愧疚感时，他们会表达得无比轻松和爽快。

而且，那些通常被称为神经官能症患者潜在愧疚感的自责，会通过明显的非理性因素表现出来，不仅在他特殊的自我谴责中，而且也存在于他认为自己不值得得到任何仁慈、赞赏和成功的模糊感觉中。

他可能会走向非理性的任何极端——从巨大的夸张到纯粹的幻想。

另外一种因素表明，即使神经官能症患者会自我谴责，却并不一定有真正的愧疚感。因为神经官能症患者潜意识里并不认为自己就是一文不值的。即使在他看上去被愧疚感吞没的时候，当其他人对这种谴责信以为真的时候，他会变得非常愤怒。

后面这种现象引出最后一种因素。弗洛伊德在讨论精神抑郁症患者的自我谴责时指出：神经官能症患者矛盾的地方就在于他们一方面展现出愧疚感，另一方面却缺乏本应随之而来的羞耻感。[①]他在宣布自己一文不值的同时，又强烈地要求别人的关心体贴和赞赏，并且还会明显地表现出自己不愿意接受丝毫的批评。这种矛盾是显而易见的，就像在一个案例中，一个女人对报纸上报道的每一桩罪行都会觉得莫名愧疚，甚至每个家庭成员的逝世她都认为是自己的过失，但是当她的姐姐温柔地责备她总是索要太多的体贴时，她却怒不可遏，竟当场晕倒在地。但是这种冲突并不是一直显而易见的，它更多隐藏在表面之下。神经官能症患者会错误地认为自我谴责的态度是一种正常的自我批评态度。他对批评的敏感性可能通过一种信念来掩盖，即如果批评是以一种友好的或者建设性的方式提出的，他就能很好地接受别人的批评。但是这种信念仅仅是一种掩饰，和事实本身是相矛盾

---

① 弗洛伊德：《悲哀与忧郁症》，参见《合集文选》卷四，第152—170页。又见精神分析学家卡尔·亚伯罕：《力比多发展史初探》。

的。即使是很友善的建议也可能导致他的勃然大怒，暗示批评的任何建议都是在指责他不够完美。

因此，如果我们仔细考察和检验愧疚感的真实性，就会发现那些表面上看起来是内疚的感情其实要么是焦虑的表达形式，要么是对抗焦虑的表达形式。在一定范围内，这一点是适用于正常个体的。在我们的文化中，恐惧上帝比恐惧人要更高尚一些，或者用非宗教的表现形式来说就是出于良心不去做某事，而不是因为害怕被抓而不去做某事。许多丈夫声称自己忠于家庭是因为他的良知，但实际上是因为他非常惧怕自己的老婆。由于神经中积攒了大量的焦虑，因此神经官能症患者比起正常人更倾向于用愧疚感来掩盖焦虑。和正常人不同，他不仅恐惧即将发生的后果，而且还预先想象与实际情况完全不相符的某些后果会发生。这些预先想象的性质伴随着情景的不同而不同。他可能对即将发生的惩罚、报复、抛弃有着夸张的想象，或者他的恐惧本身就是完全模糊的。但是不管它们的本质是什么，他的这些恐惧都集中在相同的点上，可以大致表述为对反对的恐惧，或者如果对反对的恐惧已经形成一种信念，就可以称之为害怕被发现的恐惧。

神经官能症患者怕遭到反感的恐惧是一个共同的问题。每一个神经官能症患者不管表面上多么肯定自己、不在乎别人的意见，实际上却非常害怕或者超级敏感会被人反对、被批评、被指责和被人发现。正如我所说的，这种怕遭到反感的恐惧通常被认为暗示了潜在的内疚心理。换句话说，它被认为是这类感情所造成的结果。而批判性的观察使这一结论变得可疑。在精神分析中，病人会经常发现谈论某一特定经验或者想法——例如关于死亡的愿望、手淫、乱伦的愿望——是极其困难的，由于他很愧疚，或者更好地表达为他认为自己很罪过。当他鼓足勇气来谈论这些话题时，发现自己并没有遭到反感，“愧疚感”就会消失。由于焦虑的缘故，他比其他人更依赖大众的看法，因此天真地把公众意见当作自己的想法。然而，对于怕遭到反感的敏感性并没有发生根本性的改变，即使当他谈论那些会给他带来内疚的经历时并没有产生特别的内疚。这种观察暗示了这样的一个结论：愧疚感本身并不是造成害怕遭反感的原因，而是其结果。

由于对被人否定的恐惧，在愧疚感的产生及理解上都具有重要意义，所以在这里我要对它的内涵予以进一步讨论。

对遭人反感的过度恐惧可能会盲目地延伸至所有人，或者仅仅延伸到自己的朋友身上——尽管通常神经官能症患者并不能清楚地分辨谁是敌人谁是朋友。一开始这种恐惧仅仅涉及外部世界，或多或少总会和他人的反对有关，但是这种恐惧也会内化。内化现象发生得越多，来自外界的反对与自身的反对相比就越显得不重要。

对遭人反感的恐惧会以各种形式出现。有时候表现为害怕得罪别人。例如，神经官能症患者可能害怕拒绝别人的邀请，不敢与他人持不同意见，不敢表达任何愿望，不能遵守既定的标准，唯恐以任何方式标新立异、引人注目。这一恐惧也可能表现为害怕别人了解自己，即使当他觉得自己被别人喜欢时，也害怕被别人完全了解之后就被抛弃了，所以想逃避。他可能极度不情愿别人了解自己的隐私，或者当别人问起有关自己无关痛痒的问题时表现出过度的愤怒。因为他觉得这样的问题就是想刺探自己的隐私。

遭人反感的恐惧对医生来说让分析过程变得比较困难，对病人来说是比较痛苦的突出因素之一。尽管每个人的分析过程都不尽相同，但是所有人都具有的共同点就是，尽管希望能得到医生的帮助，尽管能实现双方的理解，但是在某一时刻必须反抗医生这个最危险的入侵者。正是这种恐惧让病人觉得自己是面临审判的罪犯，和罪犯一样，他们会暗暗下定决心，否认一切事实，并设法将医生引入歧途。

这种态度可能表现为自己被迫在梦中忏悔，而这种忏悔让他无比烦恼。我的一个病人，在某一时刻我们差一点就揭露了他压抑的某种倾向，他做了一个在这一方面有重要意义的白日梦。他幻想自己看到了一个小男孩，这个小男孩时不时去一个梦一般的小岛上寻求庇护，接着男孩成为某个团体的成员，在这个团体中法律严格禁止任何人暴露这个小岛的存在，任何可能的入侵者都将被处以死刑。男孩爱着的一个人，以一种伪装的形式代表着精神分析医生，偶然发现了这个小岛。按照法律他本应该被处死，但只要男孩发誓再也不会回到这个小岛，这个入侵者就能够得救。这是冲突的一种艺术表现形式，从头到尾医生都以这种或者那种形式存在着，这种冲突反映了病人既喜欢又仇恨精神分析医生的矛盾心理，因为医生想要入侵到神经官能症患者隐藏的想法和感情中，所以在神经官能症患者心中产生了守住秘密与做出必要放弃之间的矛盾冲突。

如果这种怕遭反感的恐惧不是来源于愧疚感，那么人们一定会问：为什么神经官能症患者会这么害怕被人发现内心的秘密和被别人反感呢？

这种对反感恐惧的主要原因，就是神经官能症患者展现给世界和展现给自己的假象[①]间的巨大差距以及隐藏在假象背后的种种抑制倾向。由于不能做到与自己的内心相一致，他经受了超乎想象的苦难，他必须始终坚持所有借口，并且要不遗余力地为这些借口进行辩护，因为那是保护他不受潜在焦虑威胁的屏障。如果我们能识别出不得不隐藏在被拒绝的恐惧之下的这些东西，我们就能更好地理解为什么某些"愧疚感"的消失并不能让他从恐惧中解脱出来。事实上，有更多的事情需要加以改变。简单地说，在他的整个人格或者整个人格中病态的那一部分存在着不忠诚，而这种不忠诚就是造成他对被拒绝的恐惧的由来，他害怕自己的不忠诚被发觉。

至于这些秘密的特殊内容，首先他想要隐藏的，就是人们一般用进攻性这一术语所涵盖的真相的总和，这一术语不仅包括他自身反应性的敌意，愤怒、复仇、嫉妒、想要羞辱他人以及与之相类似的愿望，还包括他想从别人身上获得隐秘的需求。由于我之前已经详细地讨论过这部分内容，所以在这里只需要简要概括一下。他不想过独立

① 与荣格所说的"人格面具"（Persona）相一致。

自主的生活，他不想为了实现自己想要的愿望而做出努力；相反，他的内心深处坚持要寄生在别人的生命里，不管是以支配、剥削或者利用感情的方式，例如“爱”或者顺从。一旦别人接触到他的敌对反应或者需求，他就会产生焦虑，并不是因为他感觉到焦虑，而是因为他发现自己获得需要的支持的机会受到了极大威胁。

其次，他想要隐藏自己的内心是多么脆弱、缺乏安全感和无助。自己不能肯定自己，自己心中有很多焦虑。出于这个原因，他会建立起自己是强大的假象。他对安全感的追求越是集中在支配作用上，内心的骄傲感越会和强大相关联，从而更加彻底地鄙视自己。他不仅能感觉到软弱的危险，而且他会认为软弱是件可耻的事情，不仅在自己身上这样，在别人身上也是这样。他将任何能力不足都视为软弱的表现，不管这种能力不足是关于在家做主的问题、自己独立克服困难的问题、需要接受别人帮助的问题，还是不能摆脱焦虑的问题。由于他从根本上鄙视自己的软弱，并且会情不自禁地认为别人一旦发现自己的弱点也会鄙视自己，他开始不顾一切地隐藏所有的弱点，并且还一直担心别人迟早会发现它们，因此产生了持续的焦虑。

愧疚感和随之而来的自我谴责不仅是结果，也是造成担心被反感的原因，而且它们还是能够对抗恐惧的一种防御措施。它们实现了获得安全感和掩盖真实问题的双重目的。对于后一目标的实现，要么它们将注意力从被掩盖的真相中转移开，要么通过极其夸张的手法让它们看起来不够真实。

我将要举两个例子，或许有助于说明很多类似的情形。一天，一个病人痛苦地谴责自己忘恩负义，自己是医生的负担，对于医生只收一点点费用就为自己治疗的事实没有表达足够的感激。但是当治疗结束时，在本应该结款的当天，他发现自己没有带钱。这其实只是他希望不付出任何代价就获得一切的诸多证据中的一个。他那慷慨而泛泛而谈的自我谴责就起到了掩盖具体问题的作用。

一位成熟且明智的女性因自己像小孩子一样乱发脾气而感到内心愧疚。尽管理智上她知道这些都是由于自己父母的无理取闹引起的，同时她也意识到任何人犯错都要受到责备，不管是不是自己的父母；然而在这一点上她的愧疚感还是非常强烈的，就连与男朋友的感情破裂也归结为对自己的惩罚，因为自己对父母心怀敌意。通过谴责自己对父母的冒犯，掩饰她在做这些事情时缺乏的应有的能力。她掩盖了实际发生作用的因素，例如她本身对男人就怀有敌意，因为害怕被人拒绝，所以预先像蜗牛一样退到自己的保护壳内。

自我谴责作用不仅保护了自己不受被拒绝的恐惧影响，相反还激起了消除之前言论的行为，从而得到了正面的安全感。甚至当没有外人参与的时候，它会通过增强神经官能症患者的自尊心来得到安全感，因为自我谴责意味着他有如此敏锐的道德判断，所以他会责备那些自己犯下的被其他人忽视的错误，最终让他觉得自己是多么了不起的人。另外，自我谴责还给他带来了一些安慰，因为它们很少涉及对自己不满意的真正问题，因此实际上为自己留下一条隐蔽的活路，让他觉得自己还是挺不错的。

在我们进一步讨论自我谴责倾向的功能时，我必须先讨论一下避免遭到他人反感的其他手段。一种与自我谴责截然相反却可以达到相同目的的防御措施，通过总是保持正确或者十全十美的姿态，不给任何批判留出空间来实现先发制人的目的。在这种防御下做出的行为，甚至是明显错误的行为，都会被机智地诡辩为合乎情理的事情，就像一个聪明绝世、巧舌如簧的律师一样。这样的态度可能发展到这样一种地步，即哪怕在最微不足道的、最琐碎的细节上都一定要做到完全正确。例如，在天气变化问题上要保持一贯的正确性。因为对这样的人来说，在任何细节上出现错误都可能会引发一系列的危险。通常这种类型的人不能忍受一丝一毫的不同意见，甚至不能容忍一点点情感偏好上的不同，因为在他的想法中，一点不同的意见都等于对自己的批判。这种倾向在很大程度上解释了所谓的“伪适应”。这种情况会发生在这样的人身上，尽管身患严重神经官能症，却设法在自己眼中，或者有时在其他人眼中保持“正常人”的样子并假装很能适应环境。人们可以毫不出错地预测出，在这种类型的神经官能症患者身上，存在着害怕被发现和害怕被反感的巨大恐惧。

神经官能症患者保护自己免于遭受反感的第三种方式，就是借助无知、病态或者无助来寻求庇护。在这方面，我遇到过一个很明显的病例，我在德国的时候治疗过一个法国小女孩，这是我所提到过的被怀疑是低能儿而送到我这里接受治疗的几个女孩之一。在最初几周的分析治疗中，我也确实怀疑自己对她智力能力的判断，她看起来完全不明白我和她说的一切，尽管她的德语非常好，我尝试着用更加浅显的语言来讲同样的事情，但是徒劳无功。最后有两件事让我豁然开朗。她做了一个梦，梦见我的办公室就像一个监狱，或者像给她做体检的医生的办公室。这两种想法都暴露了她因害怕被发现而产生的焦虑。后一个梦是因为她非常害怕任何形式的身体检查。另外一个揭示事情本质的事件是她现实生活中的一个偶然事件。某一次她忘记了出示自己的护照，而按照法律规定理应出示护照来证明身份。当她最后去见政府官员的时候，假装自己听不懂德语，希望用这种方式逃脱惩罚——她笑着和我讲完了这个故事，然后意识到出于同样的动机，她对我使用了同样的伎俩。从此以后，她开始证明自己是个多么聪明的姑娘，一直用无知和愚蠢当挡箭牌来逃避别人对她的指责和惩罚。

原则上，任何感觉自己是或者表现出行为举止不负责任、不被人信任的顽童都会采用同样的策略。一些神经官能症患者会一直采用这种态度。或者即使他们的行为举止不再幼稚，他们也会拒绝认真地对待自己的感觉。在精神分析治疗中可以观察到这一态度的作用，病人们在即将面临承认自身攻击性的倾向时，会突然感到无助，行为举止像个小孩，只渴望得到保护和爱。或者他们会有这样的梦，在梦中他们发现自己很渺小无助，蜷缩在母亲的子宫里或者就是躺在母亲的怀抱里。

在特定的情景中，如果不能有效应用无助来达到逃避的目的，则可以用生病来达到这一目的。众所周知，生病会成为逃避困难的一种途径。然而与此同时，对于神经官能症患者来说生病还是一道屏障，让他们避免意识到恐惧，让他们面对本应解决的困境时全身而退。例如，一个和上司不能处好关系的神经官能症患者会通过发作严重的消化不良来寻求保护。在这种时候，他让自己变得无能为力，目的是让自己显得没有任何行动的可能。可以说，这是要找到一种借口，以此来避免意识到自己的怯懦。①

最后同样重要的一种用来免除自身遭受任何形式反感的防御措施就是受害感。神经官能症患者通过感觉自己被人利用来避开因想要利用他人而遭到的责备；感觉到自己受到了忽视，就可以避免谴责自己的占有欲；通过感觉其他人没有办法很好地帮助自己，就避免了让其他人意识到自己有打败他们的倾向。他们会频繁地并且持续感觉自己遭受了迫害，因为实际上这是最有效的防御方式。这不仅能让神经官能症患者免于自责，同时还能成功地将责难转移到别人身上。

现在回到自我谴责的态度上，这一态度除了能够保护神经官能

---

① 如果这种想法被解读为法兰克·亚历山大在《人类人格的心理分析》中提出的因为对上司有攻击冲动而想要获得惩罚的倾向，那么病人们非常愿意接受这样的解释，因为通过这种方式，心理医生有效地帮助病人避免了面对这样的事实：他必须肯定自己。可是他不敢这样做，他因自己不敢这样做而生气。医生让病人在自己的头脑中意识到自己是被支持的，自己是如此高尚，以致会为自己的一点点不足而感到困扰，任何对抗上司的邪恶想法都会引起内心的极大困扰。他们通过承认他们具有这种高道德标准而强化了他们的受虐倾向。

症患者免受被人反感的恐惧和正面获得安全感之外，另外的一个作用就是让神经官能症患者看不出要做出任何改变的必要性，而实际上用自我谴责代替了做出改变。对于每个人来说，让已经定型的人格做出任何改变都是极其困难的。而这对于神经官能症患者来说更是难上加难，不仅因为他很难认识到有做出改变的必要性，还因为焦虑使他性格中的很多部分变得不可或缺。做出改变之后所带来的情景让他受到了极大的惊吓，他被吓退回来。逃避这种认识的方式之一就是暗自认为通过自我谴责他能够“蒙混过关”。这种情形在日常生活中随处可见。如果一个人后悔自己做了某件情，因而想要改变引起这种失败的态度，他就不会使自己陷入罪恶感中。如果他让自己沉浸在罪恶感中，就表明他在改变自己的这件艰巨任务上退缩了，确实，单纯的自责比做出改变容易多了。

顺便提一句，神经官能症患者蒙蔽自己不能意识到改变的必要性的另外一种方式就是将现有问题理智化（intellectualize）。想要这样做的病人在获得心理学知识后，对自己的认识会得到极大的理智上的满足，但是这种满足是止步不前的。理智化的态度就变成了一种手段，保护他们不会有任何情感上的经验，从而避免了自己需要做出的任何改变。就好像他们一边注视着自己，一边说：“瞧，这多么有趣！”

自我谴责的态度同样可以避免因指责他人而造成危险。因为自己承担罪恶看上去是一种更保险的方式，因此这就强化了神经官能症患者指责自己的倾向。对此，批评和指责他人的抑制作用在神经官能症患者身上发挥了极大的作用，接下来我们会进行更详细的讨论。

通常来说，这样的抑制作用都有一个形成过程。一个孩子生长在让他产生恐惧、憎恨、限制其自尊心发展的环境下，会让他对周围的事物产生深深的怨恨。然而，他们无法谴责，除非他感到自己深受威胁，否则他都不敢在自己的意识中觉察到这些不满。部分原因是害怕会遭受惩罚，另外一部分原因是他担心自己会失去想要得到的那份爱。这些微小的举动在现实生活中存在着坚实基础，因为创造出这样生存环境的父母本身就因其自身的病态敏感不能接受任何批判。然而，认为父母的决定是万无一失的态度随处可见，它在本质上来源于文化因素。①在我们的文化中，父母的地位建立在权威力量的基础上，而这种权威依赖于子女们的遵从。在很多情况下，家庭成员间的关系靠仁慈来维系，父母们也没有必要强调自己的权威力量。然而，只要这种文化态度存在着，多少都会对家庭关系造成一定的影响，即使这种影响可能并不是主要影响。

当关系建立在权威的基础上，批判就要被禁止了，因为批判本身会逐渐削弱权威的力量。这种禁止可能是公开的，并对违反者施行惩罚，或者会以一种更有效的方式，禁令被心照不宣地施加在道德的层面上。出于父母的个人敏感性，对孩子的批评会减少，同样出于这样的事实，父母被文化的态度所劝服，认为批判父母是不孝的，并以

---

① 参看弗洛姆的《权威与家庭》（1936年）。

直接或者间接的方式对自己的孩子产生了相同的影响。在这样的情况下，不那么胆小的孩子会表达自己的反感，但回过头来会感到愧疚。一些胆子更小一点的孩子甚至不敢表现出任何憎恨，渐渐地不敢冒险地想一想自己的父母可能有错。然而，他会觉得一定有人错了，并得出了这样的结论，由于自己的父母总是对的，那一定是自己有问题。不用说，这并不是一种理智化的过程而是一种情感过程，它不取决于人们的思考，而是取决于恐惧。

通过这种方式，孩子开始感到内疚，或者更准确地说，他养成了一种在自己身上找问题的倾向，而不是冷静地权衡利弊、全面客观地思考问题。他对自己的责备会导致他产生自卑而不是内疚。这两者之间只有变动的区别而没有明确固定的区分，完全取决于周围环境或明或暗的道德要求。一个女孩总是屈服于姐姐之下，出于恐惧一直忍受着不公正的对待，想要控诉却感到如鲠在喉，她可能会对自己说不平等的对待是正当的，因为自己就是比姐姐差劲一些（比如没她漂亮、没她聪明）。或者她会觉得这是正当的，因为自己就是个坏女孩。然而，这两种情况下她都没有意识到自己被错怪了，都觉得罪过在自己身上。

这种类型的反应并不一定会一直持续下去，如果没有在头脑中根植太深，还是会发生改变的，如果孩子的生活环境改变了，或者进入他生活中的人们都欣赏他，在情感上支持他，他都可能会发生改变。如果这样的改变并没有发生，那么他会将对他人的指责转化成对自己的指责，并且只会随着时间的累积变得越来越强烈。同时对世界的憎恨会从不同的来源不断地累积，由于越来越害怕会被人发现，越来越害怕别人会像自己一样敏感，表达憎恨的恐惧也会与日俱增。

但是发现一种态度的历史渊源并不足以解释这种态度。无论从实际的角度还是发展变化的角度，更重要的问题是找到什么样的因素造成了这种态度。神经官能症患者之所以极其难以批判和指责他人，就是因为在他们的成人性格中存在着几种起决定性作用的因素。

首先，这种能力不足就是他缺乏自我肯定的表现之一。为了更好地理解这种不足，有必要将他的态度与我们文化背景下健康人表达指责时的感受和方式进行比较。或者更常见的是，拿它和正常人感受和表达攻击与防御的方式做比较。正常人能够在争论中为自己的观点进行辩护，或者对于不正当的指责、讽刺和别人的强求进行驳斥，内在地或者外在地对抗不公平待遇，对遭遇欺骗表示抗议。如果他不喜欢一个请求或者要求，在条件允许的情况下会选择拒绝。他能够感受到别人对他的责难，必要时也会表达自己的观点，只要他愿意，他可以故意疏远某人或打发某人。而且，他能够在没有过度情感紧张的情况下进行自我辩护和攻击，并且能够在夸大的自我指责和夸大的攻击性之间采取中庸之道，不会让他产生对整个世界不正当的甚至是狂暴的谴责。为了实现这种令人幸福的中庸之道，必须建立在这样的条件之上，而这些条件恰好是神经官能症患者或多或少地缺失的：在弥漫的无意识的敌意中能获得相对自由，有相对安全的自尊心。

当人们缺乏这种自发的自我肯定意识时，就会不可避免地产生脆弱感和缺乏自我保护能力的感觉。那些知道——或者他根本没有经过思考——只要情境需要，就会进行攻击或者防御的人是强者，或者让人感觉是强者；而一个表达出自己不能这样做的事实的人，就是或者让人感觉是一个弱者。我们每个人就像电子钟表一样记录下是出于恐惧还是智慧抑制住了一场争论，是出于软弱还是正义感接受了别人的指责，即使我们能成功地骗过意识中自觉的自我，我们也不可能欺骗内心的自我。对于神经官能症患者来说，这种软弱的记忆是造成愤怒的永恒的隐秘来源。很多沮丧都开始于人们无法为自己辩护或者无法表达批判性的意见。

批判和谴责他人更重要的障碍在于它和基本焦虑直接关联。如果认为外界社会是充满敌意的，或者人们对此感到很无助，那么冒着得罪他人的风险所做的事情似乎就是一种纯粹的鲁莽。对于神经官能症患者而言，这些危险更具危害性，他的安全感越是建立在对他人的感情上，越会害怕自己失去那份爱。得罪他人对于他与对于正常人有着完全不同的含义。因为他对于别人的感情是很脆弱和单薄的，他不觉得别人对他的情感会有多么坚实和稳固。因此他觉得得罪他人就有最终决裂的危险，会被完全地蔑视或者憎恨。除此之外，他有意无意地就会觉得其他人和自己一样害怕被人发现内心的脆弱，害怕遭到批评。所以在对待他人时，他会以别人对待自己的方式一样圆滑和小心翼翼。他最害怕的事情就是把他放在一个特别的困境中谴责别人或者被别人谴责，因为正像我们所看到的，他的心中充满了压抑的憎恨。实际上，任何熟悉神经官能症行为的人都知道，大量的指责有时会以隐晦的方式表达出来，有时则是以公开的、最具进攻性的方式来表达。因此我敢断言，神经官能症患者对于批判和指责他人在本质上都具有一种怯懦，所以很值得简要讨论一下表达指责需要具备什么样的条件。

对别人的责难可能是在绝望的压力之下表现出来的。更具体一点，当神经官能症患者感到自己没有什么可以失去的时候，当他觉得无论自己怎么做都会被别人拒绝的时候，就会表达对别人的指责。例如，他竭尽全力想要表现出仁慈与体贴，却没有收到别人正面的回应或者干脆被拒绝了，这就激起了指责他人的冲动。他的所有谴责都在一件事上爆发还是会持续一段时间，都取决于绝望的持久性。他可能将自己对他人的所有不满一次性地强加在别人身上，或者这种谴责可能延续相当长的时间。他对于自己说的话非常当真，也希望其他人也能把它当回事。然而，内心却暗自希望别人能够意识到自己内心深处的绝望，因此会原谅自己的行为。即使没有绝望存在，同样的情形也会发生，只要这些谴责是关于一个神经官能症患者意识中非常憎恨的人，或者他并不指望从中得到任何好处。我们马上就要讨论的另外一种情况，就是这种真诚的要素也不存在了。

如果神经官能症患者感觉自己正处在被指责的危险中，或者已经被指责了，他也可能以非常激烈的方式进行指责。这时，让他人沮丧的危险与遭他人否定的危险相比，微不足道。他觉得自己正处在紧急关头，要反击，就像动物在遭遇危险时出于本能会拼死一搏一样。当病人们最害怕的事情被揭露了，或者当他们做出了让人反感的事情时，他们会对医生进行狂暴的指责。

和在绝望的压力下做出的指责不同，这种类型的攻击是盲目的。在发泄这些攻击和指责的时候，神经官能症患者并不认为自己是正确的，因为这些攻击和指责来自单纯地感觉到需要排除一种近在眼前的危险，不管采用什么样的方法。尽管这里面会顺便包含一些让人感觉很真实的责备，但主要都是比较夸张和浮夸的。在神经官能症患者的内心深处，他们自己本身就不相信自己，也不期望别人能把自己太当回事，一旦别人认真起来，例如别人很认真地与他争辩，或者说展现出很受伤的迹象时，他会感到特别惊讶。

当我们意识到指责的恐惧是根植在神经官能症患者的人格结构中时，当我们进一步认识到这种恐惧的表现方式时，我们才能理解为什么表面浮现的画面与真实情况是相矛盾的。神经官能症患者经常不能表达合乎情理的批评，尽管他内心中充满了强烈的表达欲望。每次丢点什么东西，他都会觉得是保姆偷拿了。尽管如此，对于保姆每次准备晚饭都不及时，他却不能指责或者直接开除她。他们所能表达的指责往往都有点不切实际，说不到点子上，带有伪装的色彩，不是没有根据的就是纯属虚构。作为一个病人，他可能会因医生乱扔东西而疯狂地咒骂医生毁了自己，他却不能对医生抽烟的嗜好提出真诚的抗议。

这些公开表达的指责通常并不足以发泄当前积压的所有怨恨。为了能实现彻底发泄的目的，只能通过间接手段，通过连神经官能症患者自身都不会意识到自己在表达憎恨的方式。有一些可能完全是漫不经心的，有一些则通过从想指责的人身上转移到相对无关紧要的人身上。例如，一个女人可能责骂自己的保姆，因为她非常鄙视自己的丈夫。或者更常见的是转移到对环境的不满或者埋怨命运的不公。这些安全阀门并不是专门为神经官能症患者准备的，对他们来说间接和无意识地利用痛苦这一媒介是表达指责的特殊方法。通过痛苦，神经官能症患者把自己表现成活生生的责备工具。妻子因为丈夫晚归而生病比大吵大闹更能有效地表达对他的鄙视，并且还能收获在他人眼中自己是无辜受害者的好处。

通过痛苦表达指责到底有多少成效还取决于引发指责的抑制作用的强烈程度。如果恐惧不是很强烈，那么痛苦就会戏剧化地表现出来，并伴随着一般性的公开谴责："看看，你是怎么把我搞得这么痛苦的。"这其实是谴责得以表达的第三个条件，因为痛苦让谴责看起来很有依据，痛苦和我们之前讨论过的用于获得感情的方式也有紧密的联系。谴责性痛苦同时会作为获得怜悯的乞求，和对已造成的伤害的敲诈。但做出谴责所受到的抑制越大，这种痛苦就越不外露。这可能会发展到这样一种地步，神经官能症患者根本不会让他正在受苦的事情被人发现。总而言之，我们会发现痛苦的表现有非常大的差异。

由于这一恐惧在各个方面困扰着他，神经官能症患者会一直在指责和自我指责中徘徊。其结果之一就是神经官能症患者会一直处在绝望的不确定中。他不知道自己是不是做出了正确的批评，是不是错误地衡量了自己。他通过经验明确了或者认识到自己的指责经常没有现实依据，而不过是由自己不理智的反应引起的。这一认识对他来说太难驾驭了，以至于他自己也分不清自己是不是真的错了，从而使他在必要的时候不能持有坚定的立场。

观察者倾向于接受或者将所有这些表现形式解读为极度敏感的愧疚感的表达形式。这并不是说观察者患有神经官能症，却暗示着他和神经官能症患者的想法和感受都受文化因素的影响。为了理解文化因素在愧疚感上起到了什么样的决定作用，我们必须考虑种种历史的、文化的、哲学方面的问题，而这将超出本书的主要内容。

对愧疚感的讨论可以简短地概括如下：当神经官能症患者因为某种愧疚的感觉责备自己的时候，第一个想到的问题不应该是“他到底在内疚什么？”而是“这种自我指责态度的作用可能是什么？”其主要的作用就是：表达自己害怕遭人反感，对这种恐惧的抵抗，避免对他人做出指责。

当弗洛伊德与跟随他的大多数精神分析学家都认为愧疚感是一种终极动机时，他们反映了那个时代的思考。弗洛伊德认为愧疚感源于恐惧，因为他认为是恐惧产生了“超我”，而“超我”就是产生愧疚感的原因。同时，他还倾向于认为理智的需求和愧疚感一旦建立就会作为最后的代理人来行使权力。进一步的精神分析表明：即使我们学会了如何在良心与内化的道德标准压力下正确应对愧疚感，但是这些感受背后的动机（尽管只以微弱和间接的方式表现出来）却是对结果的直接恐惧。如果愧疚感本身并不是最终的动力，那么建立在愧疚感假设基础上的某些分析理论就有必要做出修正，尤其是具有模糊特性的愧疚感，如弗洛伊德尝试性地称之为无意识的愧疚感，才是造成神经官能症的最为重要的原因。在这里我只简单介绍一下最重要的三个理论："消极治疗反应"，该观点认为由于无意识的愧疚感，人们宁愿保持生病的状态；[①]超我作为一种心理建设，给自己内心施加惩罚；道德受虐倾向，解释了自我折磨其实就是想要得到惩罚的后果。

---

① 参见拙著《消极治疗反应的问题》，载于《精神分析季刊》，第5卷（1936年），第29—45页。

第十四章　神经质痛苦的意义——受虐狂问题

我们已经看到在与冲突进行抗争时，神经官能症患者遭受了大量的痛苦。而且，由于这些目标在现存的困境下用其他方式很难获得，他们会将痛苦作为实现某些目标的手段。尽管我们已经了解到在每一种个人情境中他们为什么要使用痛苦这一手段以及最终想要达到的目的，但是令人困惑不解的是，为什么他们愿意付出如此巨大的代价。这看起来似乎是由于一种潜在的动力让神经官能症患者能既慷慨地滥用痛苦，又能随时准备逃避对人生的正面掌控。这种动力可以描述为想要让自己变弱而不是变强的倾向，想要不幸而不是幸福的倾向。

由于这种倾向和人类本性的一般概念相矛盾，所以才一直是个不解之谜。事实上，它是心理学和精神病学的巨大阻碍。它的确是受虐倾向的基本问题。受虐倾向这个词最初指向的是性变态，性满足要通过痛苦、被鞭打、被折磨、被强奸、被奴役和被羞辱来获得。弗洛伊德认为这些性变态和性幻想类似于一般性的痛苦倾向。这些受苦倾向被划分在“道德性受虐倾向”的范畴中。由于在性变态和性幻想中，痛苦是为了获得正向的满足感，那么就可以得到这样的结论，所有神经性的痛苦都是想要获得满足，或者更通俗一点，神经官能症患者想要受苦。性变态和所谓的道德受虐倾向的区别就在于意识的不同。对于前者而言，为获得满足而奋斗的过程以及满足本身都是有意识的；而对于后者来说，这两者都是在无意识下进行的。

通过痛苦获得性满足即使在性变态中也是一个大问题，而令人更困惑的是一般性的受苦倾向中的问题。

很多神经分析学家都试图对受虐倾向做出解释，其中最精彩的解释就是弗洛伊德的死亡本能假说[①]。简要来说，这种假说认为有两种重要的生理力量在人体内发挥作用：活下去的本能和死亡本能。死亡本能侧重的是自我毁灭，当它和性欲冲动相结合时就会产生受虐倾向。

我想在这里提出一个更让人感兴趣的问题，那就是在没有生理学假设的支持下，能否从心理学的角度来理解受苦倾向。

首先我们要澄清一种误解，这种观点将实际的痛苦与想要受苦的倾向相混淆。我们没有任何证据能得出这样的结论，即因为痛苦存在，所以人们就有一种想招惹痛苦或者享受痛苦的倾向。例如，我

① 弗洛伊德：《超越幸福原则》，国际精神分析文库第4卷。

们不能像朵亦奇[1]一样认为，在我们的文化中，由于女性分娩时要遭受巨大的痛苦，就以此为证据说明女性有享受这些痛苦的求虐倾向，即使这一观点在极个别的情况下是成立的。神经官能症患者身上所承受的大量痛苦与想要受苦的愿望没有任何关系，而仅仅是实际存在的内心冲突造成的难以避免的后果而已，就像是腿骨折后会伴随痛苦一样。在这两种情况下，不管人们想要还是不想要，痛苦都会出现，他也不会在所引起的痛苦中获得任何东西。由实际存在的内心冲突所引发的焦虑是显著的，但这绝不是神经官能症患者遭受此类痛苦的唯一例证。其他类型的神经质痛苦也能以这样的方式被理解——例如意识到潜能与实际成就之间的差距所伴随的痛苦，陷于某些困境中感到无助的感觉，对轻微的举动超级敏感，由于患神经官能症而自轻自贱所产生的痛苦。这种神经质痛苦，由于非常不明显，当被按照神经官能症患者渴望去受苦的假设处理时，经常就会被人们忽略。当这种事情发生的时候，人们有时候会很好奇，外行人，甚至是精神病医生，在很大程度上也具有神经官能症患者对待自身疾病一样的轻蔑态度。

排除了不是由受苦倾向导致的神经质痛苦的说法后，我们现在回过头来看一下那些由受苦倾向导致的，被划为受虐驱动力范围的类型。在这些情况下，所表现出来的就是神经官能症患者遭受的痛苦比

① 朵亦奇：《母性与性欲》，载于《精神分析季刊》，第2卷（1933年），第476—488页。

实际情况更加难忍。具体来说，他描述了这样的感受，就像自己心里存在着什么东西会热切地抓住每一个折磨他的机会，仿佛他会努力把即使是幸运的环境也变得痛苦，仿佛他非常不愿意放弃遭受痛苦的折磨。造成这种印象的行为在很大程度上解释了神经质痛苦是如何在患者身上发挥作用的。

关于神经质痛苦的作用，我可以将前些章节涉及的内容总结一下。痛苦对于神经官能症患者来说可能具有直接防御价值，而且实际上也是经常保护他们解决迫在眉睫的危险的唯一途径。通过自我谴责，他避免了被人谴责和谴责他人的危险；通过表现出生病或者无知，他逃避了别人的责备；通过妄自菲薄他躲避了竞争的危险——由此所带来的痛苦同时也是一种防御措施。

痛苦同样是获得自己想要的东西的一种手段，通过有效地实现自己的要求，将自己的要求建立在合情合理的基础上。关于对生活的期望，神经官能症患者处在一种两难困境中。他的愿望是——或者已经变得是——无条件和强迫性的，部分是因为焦虑起到了煽动作用，部分是因为他们从来没有真正为他人着想。但另一方面，他肯定并实现自己这些要求的能力却受到了极大的障碍，由于他缺乏自发的自我肯定，更通俗一点说，就是因为他有一种无助感。这种困境的结果就是他希望别人能够照顾自己的愿望。他给人留下的印象就是：在他的行动之下，他的心里一直坚信别人要为他的人生负责，一旦事情出了差错他们就要遭受责备。事实和他的信念相抵触，没有人会平白无故地给他什么东西，结果就是他觉得自己要强迫他人满足自己的愿望。在这里，受苦成了他的助手，痛苦和无助成为他获得爱、帮助以及控制他人的绝佳手段，同时可以避免别人可能对他提出的一切要求。

痛苦最终以一种伪装但是有效的方式表达了对他人的谴责。这就是我们在前面章节详细讨论的内容。

当我们意识到神经质痛苦的作用时，一些问题的神秘特性就会被剥去，但并没有完全解决。尽管痛苦会有一定的战略价值，但是仍然有那么一种因素能够支持神经官能症患者想受苦这样一种观点：出于策略目的，他会受到比实际观察到的更多的痛苦，他会倾向于放大自己的痛苦，将自己淹没在无助、不幸和一文不值的感受里。尽管我们知道他的感情很有可能被放大了，所以我们不能听取他的一面之词，但是我们仍会被这样的事实所震惊，冲突倾向所造成的失落感把他抛进了痛苦的深渊，而这远远超过了真实情景所带给他的意义。当他获得了微弱的成功时，他会戏剧性地将他的失败夸大成无法磨灭的耻辱。当他没能成功而以此来肯定自己的时候，他的自尊心会一落千丈，像个泄了气的皮球。在神经分析过程中，当他要攻克一个前景并不太乐观的难题时，又会陷入完全的绝望中。我们仍然需要去考察一下，为什么他会那么心甘情愿地增加自己的痛苦，超过了策略所需。

在这样的痛苦中没有明显的利益可以获得，没有围观群众能够取悦，不能赢得同情，在他人身上实现自己的愿望也不会获得任何隐秘的精神胜利。对于神经官能症患者来说，还是能够有一种收获的，只是和正常情况下所谓的收获有所不同。对于对自身独特性有高度意识的人来说，情感上的分手、竞争中的失利和不得不承认某些确切的弱点或不足是一件难以忍受的事情。当他认为自己一无所知的时候，成功与失败、优越和低劣之间的区别就不再存在了。通过放大自己的痛苦，沉浸在痛苦和一文不值的整体感觉中，那种加剧的痛苦体验就丧失了某些真实性，而这种特殊痛苦所带来的刺激就被减轻、麻痹了。这一过程中所运用的主要原理是辩证的，包含了量变的积累会导致质变的飞跃这样的哲学真理。具体来说，这意味着受苦是痛苦的，但是让自己沉浸在极大的痛苦中，反而会产生一种类似于鸦片的效果，以减轻痛苦。

一部丹麦小说[①]对这一过程进行了精彩的描写。故事的主人公是一个作家，他挚爱的妻子在两年前被强奸后杀害了，为了避开隐约的记忆所带来的无法忍受的伤痛，逃避自己的痛苦，他投身于工作当中，开始昼夜不停地写书。故事开始于这本书完成的那一天，也就是当他不得不再次面临自己的痛苦心理的那个瞬间。我们最先看到他在墓地里徘徊，他的脚步不由自主地把他带到了那里。我们看到他正沉浸在毛骨悚然的想象中，一群蛆虫正在啃食死去的尸体，人们被活活埋葬。他筋疲力尽地回到家后，这种折磨还在继续。他被迫回忆起过去发生的一切。或许，如果那晚他陪自己的妻子参加朋友聚会，凶手

① 小说名为《穿过黑夜》。

就不会出现；如果妻子给自己打电话让他去接她；如果她一直和朋友们在一起；如果他当天晚上出去散步了就会恰巧遇到她，那么这个悲剧就不会发生了。他不得不去想象谋杀是怎么发生的，沉浸在无法自控的痛苦中，直到最终失去了清醒的意识。到目前为止，这个故事对于我们正在讨论的问题显得特别有意味。接下来发生的事情就是在痛苦的折磨中痊愈后，他仍然要解决的复仇问题，最终他能够很现实地看待自己的痛苦。这个故事中所展现的过程和某些悲痛的丧礼习俗是一样的，都是通过尖锐地强化痛苦，让人完全淹没在痛苦中以此来减轻失去所带来的痛苦。

当人们意识到夸张的痛苦所带来的麻痹效应时，我们就能够进一步提示受虐倾向中那些可以被人们所理解的动机了。但是现在仍存在这样的问题：为什么这样的痛苦能获得满足呢？很显然，在性变态和性幻想中受虐倾向是存在的，我们同样怀疑它在神经官能症患者的一般性受苦倾向中一样存在。

为了回答这一问题，首先有必要认识到所有受虐倾向共有的因素。或者更准确地说，这些倾向之下所蕴含的对生活的基本态度。当从这一角度去考察的时候，共同特性绝对是他们具有一种内心软弱的感觉。这种感觉会出现在对自身的看法、对他人的看法上，甚至对命运的总的态度中，可以简单地描述为是一种深刻的无关紧要感或者一无所有的感觉。感觉自己就像是芦苇，再微弱的风都能让自己摇摆。感觉自己活在他人的手掌心中，不得不唯命是从。他们会出现过分顺从的倾向，并且防御性地过分强调自己的控制权，不愿意屈服。这是一种对他人的爱的信赖感，是一种对他人的判断的依赖感。前者表现为对爱的无节制的需要，后者表现为对遭人反感的过分的恐惧。他们感觉自己在生活中没有任何话语权，而是让其他人帮忙承担起在生活中的责任，帮自己做决定；感觉好与坏都是由外界因素决定的，自己完全无力掌控自身的命运，消极的表现为认为大难即将来临，积极的表现为期待奇迹会发生。总的来说，没有其他人给自己激励、方法和目标，自己就没有办法呼吸、工作，不能享受任何事情，觉得自己是别人手上的面团。我们将如何理解这种内在的软弱性？归根结底，这是缺乏生命活力的表现吗？在某些情况下可能是这样的，但是总体上来说，神经官能症患者身上的生命力差异绝不会比其他人身上的大。难道这是基本焦虑导致的简单后果？我们可以确定这和焦虑有关系，单纯的焦虑也可能会产生一种相反的作用，人们为了获得安全感会强迫自己变得更强大、更有权势，并为此不断努力奋斗。

我们的答案就是，首先这种内在软弱的感觉绝不是一个事实。人们所感受到的软弱或者所表现出的软弱仅仅是软弱倾向所表现出的结果。这可以从我们所讨论过的特征中看出。神经官能症患者在自己的感觉中夸大了他的弱点，并且坚持着这种软弱。然而，我们不但能通过逻辑推理发现这一软弱倾向，而且在工作中也能经常发现。

神经官能症患者会想象着抓住任何一个可能的机会认定自己患有机体疾病。我的一个病人，无论什么时候遇到什么困难，都非常希望自己能得肺结核，躺在疗养院中，完全被别人照顾。如果别人对他有任何要求，这种人的第一反应就是屈服，接着他会走入另一个极端，无论付出什么代价都拒绝屈服。在神经分析中，病人的自我谴责通常是他把预先估计到的批判当作是自己的观点，这就表明了他随时准备预先屈服于他人的判断。盲目地倾向于接受权威的论断，依赖他人，总是从困难中退缩，并且抱着“我不能”的无助态度逃避困难，而不是把困难视为挑战，这些都进一步证明了软弱倾向。

通常来说，包含在这些软弱倾向中的痛苦并不能得到意识中的满足，而恰恰相反，不管出于什么样的目的，它们都构成了神经官能症患者痛苦的总体意识中的一部分。尽管如此，这些倾向的目的还是为了获得满足。即使有时候并不能，或者至少看起来不能实现这一目的，但终究还是为了获得满足。有些时候人们能够观察到这些目的，有些时候获得满足的目的是显而易见的。我有一个病人，去郊区拜访朋友的时候，发现没有人在车站接她，以及抵达的时候一些朋友没在家，这些都让她感到失望。因此，她说这段经历到目前为止是很令人痛苦的。但是当她感觉自己彻底陷入悲惨凄凉甚至绝望的处境时，她会发现这种感觉与诱发因素是不对称的。沉浸在痛苦中不仅减缓了痛苦，而且还会令人特别愉快。

在性幻想和性虐待中更容易、更经常能够获得满足感。例如幻想自己被强奸、被鞭打、被羞辱、被奴役以及它们在现实中的实施情况。事实上，它们只是同一种软弱倾向的不同表现罢了。

通过沉浸在痛苦中的方式来获得满足感体现了一种一般原则，就是将自己消融在某种更巨大的东西中，通过消除自己的个性、放弃自我以及它所拥有的怀疑、冲突、痛苦、局限性和孤独而获得满足。[①]这就是尼采所说的从“个体化原则”（principium individuationis）中解放出来，这就是他所谓的“酒神”精神，并且认为这是人类基本追求中的一种，和他所谓的“日神”精神相反，这种“日神”精神致力于积极地塑造和把握生活。鲁思·本尼迪克特在谈到人们试图获得狂欢体验的尝试时提出了酒神倾向，并指出这些倾向在不同的文化环境下是如何被广泛流传的，其表现形式又是如何多种多样。

“酒神精神”这一术语来源于古希腊的酒神崇拜仪式。这种仪式和更早的古希腊色雷斯文化[②]一样，其目的都是为了产生强烈的感情刺激，从而产生幻觉。产生这种销魂状态的方式有音乐、长笛的统一韵律，夜里疯狂地跳舞、醉酒、性放纵，所有这些都会让人热血沸腾，感到兴奋和销魂（销魂这一术语字面意思指的是达到一种超脱自我的状态）。痛苦在造成酒神狂欢方面也发挥着重要作用。在一些平原印第安部落中，人们会通过禁食、割掉身体的一部分或者以一种痛苦的姿势把人捆绑起来的方式产生幻觉。平原印第安人最重要的一种仪式就是太阳舞，身体上的折磨是激发销魂体验的一个非常普遍的方

---

① 通过受虐倾向得到满足感，其解读方式基本上和之前提及的弗洛姆书中的解释是一样的。

② 埃尔文·罗德：《精神：希腊人对灵魂不朽和信念不朽的崇拜仪式》（1925年）。

式。[1]中世纪的鞭笞教徒（the Flagellantes）就是通过采用鞭打自己的方式来产生销魂快感的。新墨西哥州的赎罪教徒（the Penitentes）则用刺痛、鞭打和负载重物的方式来刺激起销魂的快感。

尽管这些酒神倾向的文化表达并不是什么定型的经验，但我们对它们也不会感到完全陌生。在某种程度上，我们所有人都知道满足来源于“对自我的放纵”。身体或者精神上的紧张状态在进入梦乡后或者进入麻醉的过程中，都能感觉到这样一种满足。同样的效果也能通过酒精达到。在酒精的使用中，可以确定的是其中包含着解除抑制作用的功效，另外还有缓解痛苦和焦虑的作用，但是最终的满足，其目的同样还是在于获得狂欢与放纵。很少有人知道将自己沉浸在更强烈的某种感情中会让自己产生满足感，不管它是爱情、自然，还是音乐、热情和性放纵，那我们将如何解释这种追求所明显具有的普遍性呢？

尽管生活能赋予人们很多欢乐，但是同时也充满了不可避免的悲剧。即使不存在特别的痛苦，也仍存在着生、老、病、死这些事实。用更一般的说法就是，人类生命本身固有的一个事实：个体是有限的、孤独的。有限指的是他所能理解的、实现的或者享受到的都是有一定限制的，孤独指的是因为他是一个独特的个体，和他的同伴以及周围的环境都是相分离的。事实上，正是这种个体局限性和孤独性才

① 雷斯利·斯皮尔：《平原印第安人的太阳舞：它的发展和传播》，载于《美国自然史博物馆人类学论文集》第16卷，第7部分（纽约，1921年）。

是遗忘和放纵的文化倾向想要克服的。《奥义书》[①]中对这种奋斗做出了最鲜活和优美的表达，在图画中百川入海，最后汇合消失得无影无踪，没有名字，没有形状。将自己融入更大的某种事物中，成为更大的一种实体的一部分，个体在某种程度上就克服了自身的局限性。正像《奥义书》中所描述的那样："借消失于虚无，我们汇入到浩瀚宇宙生生不息的创造中。"这看起来是宗教授予人类的极大安慰和满足：失去自我，他们就可以和神或自然合而为一。忠诚于一项伟大的事业同样可以获取这种满足。让自己从属于一项事业，就会感觉自己和一个更大的整体融为了一体。

在我们的文化中，更多的是一种相反的对待自我的态度，这种态度着重强调并高度重视个人的独特性及特质。在我们的文化中男人会强烈地感觉到自己就是一个孤立的个体，和外面的世界相区别甚至是对立的。他不仅坚持着这种个体性，还能从中得到极大的心理满足。他在发展自身特质的过程中，以积极的方式掌控自己和世界，从事更有创造性、更有建设性的工作，并能从中找到乐趣。对于这种理想化的个人发展，歌德曾经说过，"人最大的幸福就在于发展个性。"

但是，我们已经谈论到的对立倾向，那种想要突破个体性的牢笼，消除其有限性和孤独感的倾向，同样根植于人类态度中，同样也

---

① 《奥义书》是印度的解释古文献《吠陀》经典的书籍，其中多数是关于哲学、宗教的著作。——译者注

会孕育出潜在的满足感。这两种倾向都不是由病因引起的。无论是保持个体发展还是牺牲放弃，都是解决人类问题的合理目标。

很少有神经官能症患者不是以直接的方式表现出想要消除自身的倾向。它可能表现在离家出走的幻想中，幻想自己被人遗忘了，或者失去了自己的个性；或者以书中主人公自居；或者就像我一个病人所说的，感觉自己被抛弃在黑暗和波涛中，自己也和黑暗与波涛融为一体。这一倾向存在于被催眠的渴望中、在神秘主义倾向中、在非现实的感觉里、在过度需要睡眠时，甚至存在于对生病、精神失常和死亡的渴望中。正如我之前所提到的，在受虐倾向的幻想中，他们所具有的共同点就是感觉自己被玩弄于他人的股掌之间，缺乏想法、权力，绝对屈服于他人的掌控。每种不同的表现形式当然都是通过不同的方式所决定的，都有其自身的含义。例如，被奴役的感觉可能就是成为他人牺牲品这种一般倾向中的一部分，因而成为一种防御手段来避免想要奴役他人的冲动，同样也是对他人不让自己领导的一种谴责。但是它除了具有表达防御与敌意的这种价值，同样也暗含着自我放弃的积极价值。

不管神经官能症患者是屈服于他人还是屈服于命运，不管他所允许的能凌驾在自身之上的痛苦是哪一种，他所寻找的满足感就是让自我被削弱或者彻底消失。然后，他不再会是行动的积极参与者，而变成一个没有个人意愿的客观物体。

当对受虐的追求被整合到努力放弃个人自我这种一般倾向中，通过软弱和痛苦所寻求和获得的满足感看起来就不再那么奇怪了。它被放在了一个很熟悉的框架体系中以供参考。①

神经官能症患者对于受虐倾向的固执追求可以通过这样的事实得到解释：它会作为对抗焦虑的一种保护机制，提供了一种潜在的或者真正的满足感。正如我们已经看到的，这种满足只有在性幻想和性变态中才是真实的，即使它在软弱和被动的一般倾向中是主要的组成元素。这样就产生了最后一个问题，为什么神经官能症患者很少能获得解脱或者放弃，获得他所追求的满足感呢？

一个让神经官能症患者无法获得满足的重要因素，就是由于受虐倾向会受到神经官能症患者极度强调的个人独特性的反击。大多数受虐倾向和神经质症状都有着共同的特性，是互不相容的追求之间的一种妥协。神经官能症患者一方面想要顺从每一个人的心愿，另一方面又觉得整个世界应该为了适应自己而发生改变。他感觉自己被奴役了，同时却坚持认为在他人身上实现自己的权力是毋庸置疑的。他想变得无助，被别人照顾，同时却坚持要实现完全的自给自足，而且事实上也坚持认为自己是无所不能的。他感觉自己什么都不是，但是当别人认为他不是天才的时候，他会变得非常生气。肯定不存在什么令

① 威廉·赖希在《精神关联与植物循环》和《性格分析》中曾做过同样的努力，企图解决受虐倾向的问题。他坚持认为受虐倾向和幸福原则并不是相违背的。然而，他却把它们放在性的基础上，我认为这是个体界限欲望的消解，他却认为这是对性高潮和快感的追求。

人满意的解决方案能够同时调解这些极端，尤其是当这两种追求都十分强烈的时候。

这种寻求被淹没的驱动力在神经官能症患者身上比在正常人身上更不可抗拒。因为神经官能症患者不仅要消除人类身上普遍存在的恐惧、局限性和孤独，还要消除因陷入无法解决的冲突中而遭受痛苦的一种感觉。他那种与此相冲突的、追求权力和自我扩张的驱动力也同样是不可抗拒的和超过了正常程度的。当然，他也想实现那些不可能完成的任务，既要无所不能，又要一无是处。例如，他可能生活在对他人的无助的依赖中，但同时又想用这一弱点在其他人身上发号施令，这样的妥协可能让他错误地认为是一种屈服退让的能力。事实上，即使是心理学家也会将二者混淆，屈服本身就是一种求虐倾向。刚好相反的是有求虐倾向的人完全没有能力让自己屈服于任何人和任何事情上。例如，他不能将自己的全部精力投入到事业中，或者让自己全身心地去爱另一个人。他会屈服并沉浸在痛苦中，但是这种屈服完全是被动的。这种感受、兴趣或是造成他痛苦的这个人都仅仅是他为了实现自我迷失的手段。他与另一个人之间没有积极的相互作用，而是以自我为中心地沉浸于自己的目的中。真正地将自己交给一个人或者一项事业是内心强大的一种表现，而求虐倾向的屈服最终不过是内心软弱的一种表现罢了。

神经官能症患者所寻找的满足感为什么很难达到，另外一个原因就是我之前所描述的神经官能症人格结构中固有的破坏性元素。文化的“酒神”驱动力中是没有这些破坏性因素的，也没有那种能对人格构成造成影响的神经性破坏因素，破坏成功与快乐的可能性。举例来说，拿希腊人的酒神崇拜与疯狂的神经幻想症来对比，前者不过是为了追求一种短暂的销魂体验来增加生命的欢乐，而后者的追求却在于对自我的湮没和抛弃，既不是为了再生而暂时地投入，也不是为了让生活更加富有更加充实。它的目标是要消除整个痛苦的自我，而不管它存在的价值是什么，因此人格中未受损的部分会以恐惧的方式给出回应。事实上，部分人格迫使整个人格对灾难的可能性产生恐惧，是对意识造成影响的这一过程的唯一因素。神经官能症患者所知道的就是害怕自己会发疯。只有当这一过程被分解成不同的构成部分时，即自我泯灭的驱动力和一种反应性恐惧，人们才能理解他在追求一种确切的满足感，而恐惧却在其中起到妨碍作用。

我们的文化中有这样一种因素强化了与自我泯灭的驱动力相关联的焦虑。这种因素在西方文明中也存在，但是比较少，就算有，文化中的这些驱动力即使不具有神经性特征，也能够被满足。宗教就提供了这样的一种可能性，但是它现在对多数人而言已经失去了权力和吸引力。这样的满足感的实现不仅缺乏有效的文化手段，而且它们的发展往往会受到打击，因为在个人主义的文化中，个体希望持有自己的观点、肯定自己，必要的话还会为自己的观点辩护。在我们的文化中，屈服于泯灭自我的倾向会有被其他人唾弃的危险。

注意到这种往往把神经官能症患者与其所追求的特殊满足分隔

开的恐惧，就不难理解带有求虐倾向的幻想和异常行为对他的重要性了。如果自我泯灭的驱动力存在于性幻想或者性行为中，他就有可能逃出自我泯灭的危险了。就像酒神崇拜一样，这种虐待行为提供了一种暂时的解脱和放纵，并且自己受到伤害的风险较低。通常，它们会渗透到整个人格结构中，有时候会集中在性行为上，而人格的其他部分相对来说不受约束。一些男人原本在事业上有进取心，只要积极上进就可能获得成功，却时不时地被迫沉浸在受虐的性变态中，例如打扮成女人，表现得像个淘气的男孩一样让自己被打。另外，使神经官能症患者不能为自己的困境找到一种满意的解决方式的恐惧心理，同样也可以渗透到他的受虐倾向中去。如果是关于性欲的驱动，不管对于性爱的求虐幻想有多强烈，都会让他远离性欲，对异性有一种抵触情绪，或者至少存在性抑制作用。

弗洛伊德认为求虐倾向在本质上是一种性现象。为了做出相应的解释，他制定出一套理论。起初他认为受虐倾向从某一方面来说就是性发展的生物决定阶段，也就是所谓的肛欲期。后来，他补充了这样的假设：受虐冲动和女性气质有一种内在的血缘关系，并隐含着渴望成为女人的愿望。①正如之前所提到的，他最后还做出假设，就是求虐倾向的驱动力是自我毁灭与性冲动的结合，它的功能就是为了使自

---

① 弗洛伊德：《受虐倾向的经济原则》，载于《论文集》，第2卷，第255—268页，和《精神分析新论》。同时也可以参见拙著《女性受虐倾向问题》，载于《精神分析评论》，第22卷（1935年）。

我毁灭的冲动对个体无害。

另外，我的个人看法可以总结如下：受虐倾向本质上既不是性现象又不是生物决定过程的结果，而是源于人格冲突。它们的目的并不在于让人们受苦。神经官能症患者和其他人一样都不希望自己受苦。神经质痛苦，就其具有某些功能来说，并不是人们想要的，而是不得不付出的，他想要得到的满足也并不是痛苦本身，而是一种自我泯灭。

第十五章　文化与神经官能症

即使是对最有经验的精神分析学家来说，每一次神经分析都会遇到一些新麻烦。在每一个病人身上他都会遇到从未遇到过的困难，有些态度会很难去辨认，更加难以做出解释。有些行为更是在开始就非常不明朗。回顾神经官能症人格结构的复杂性，正如我们在前面章节所述，会发现里面包含了很多因素，其多样性也不足为奇了。每个人的禀赋各异，一生中的经历和体验更是不尽相同，尤其是童年期间经历的差异，使这些因素的构造和组合表现出无限丰富的多样性。

但是正如一开始指出的那样，尽管存在着这些个体差异，但是神经官能症患者成长环境中的关键冲突实际上总是相同的。总而言之，他们和我们文化中正常人所要面临的客观冲突都是相同的。用老生常谈的一句话来说就是，很难清晰地界定神经官能症患者和正常人之间的界限，再多重复一次或许仍然有用。很多读者面临自己经验中的种种冲突和态度，可能会问道：我是不是一个神经官能症患者？最有效的评判标准就是个体是否感觉到被这些冲突阻碍了，以及他是否能够直接面对它们并处理它们。

当我们意识到，在我们生活的文化背景下，神经官能症患者被同样潜在的冲突逼迫着，并在较小的程度上，正常人也在遭受着这种困扰，我们就再次面临本书之初所提出的问题：我们文化中的一些什么条件使得神经官能症的形成恰好围绕着我所描述的这些特殊的冲突，而不是别的冲突？

弗洛伊德对这一问题做出了有限的思考。生物倾向的反面就是缺乏社会倾向，因此他将社会现象主要归结于心理因素，而又把这种心理因素归结为生物性因素（本能冲动理论）。例如，这一倾向就让一些精神分析学家认为战争是由死亡本能导致的，我们目前的经济系统是由肛门性欲本能驱动的，机械时代没有在两千年前出现就是因为那个时代存在着自恋倾向。

弗洛伊德并不认为文化是一种复杂的社会过程的结果，他认为文化是生物驱动力的产物，这些生物驱动力被压抑或者升华后的结果就是建立对付这种驱动力的反应形式。这些驱动越是被完全地镇压，文化越会向更高层次发展。由于升华的能力是有限的，不加升华地对原始驱动力压抑的强度会导致神经官能症的发生。文化的发展不可避免地导致神经官能症的发生，神经官能症是人类为文化发展所必须付出的代价。

这一系列想法所隐含的理论假设前提就是存在着生物性决定人类本性，或者更准确地说，是相信口唇、肛门、生殖器和攻击性驱动力以大致相等的量普遍存在于全人类中。人与人之间会存在不同的人格构成，文化与文化之间也是，都是因为所需要的压抑程度的不同，这种压抑对不同驱动力以不同的程度施加着额外限制。

历史和人类学方面的发展并不能确认文化发展的高度和性压抑与攻击性驱动力之间的直接关系。这一见解的主要问题是它假设了定量性的关系而忽略了定性问题。这一关系并不存在于压抑的程度和文化发展的程度之间，而是存在于个人冲突与文化冲突之间。定量化的因素同样也不能被忽略，但必须是在整个框架的基础上才能够给出正确的评估。

我们的文化中存在着某些典型的困难，在个体生活中它们被缩小为具体的冲突，并且在一定的积累下会导致神经官能症的形成。由于我不是社会学家，所以只能简单地指出导致神经官能症和文化问题的主要倾向。

当代文化从经济上来说是建立在个体竞争的原则上的。每个单独的个体都要和同组中的其他个体进行竞争，超越他们，并且经常要把他们排挤开。一个人的利益往往是其他人的损失。这种情况带来的后果就是潜在的敌意在个体之间增强。每个人对其他人而言都是真正的或者潜在的竞争对手。这对于同一职业团体里面的成员来说更是显而易见的，尽管他们会用追求公平或者礼貌的体贴方式来伪装。然而，必须强调的是竞争与潜在的敌意是相伴随的，并在所有的人类关系中存在。在社会关系中，竞争性占据着主导作用。它们存在于男人与男人之间，女人与女人之间，不管竞争的重点是名望、才能、吸引力，还是其他社会价值，都会极大地损害到牢固的友情关系。正如之前提到的，它同样会干扰男人与女人之间的关系，不仅反映在对伴侣的选择上，还反映在与伴侣争夺优越地位的整个斗争中。它贯穿于整个学生生涯。或许最重要的是，它会渗透到家庭生活中，所以一般来说，孩子在一开始就接受了这一病毒的疫苗。父亲与儿子之间的竞争，母亲与女儿之间的竞争，一个孩子与其他孩子之间的竞争，并不是人类的一般现象，而是特定文化条件下的产物。弗洛伊德最大的成就之一就在于他看到了竞争在家庭中的作用，他的俄狄浦斯情结概念以及其他的假设都说明了这一点。然而，需要补充的是，这种竞争本身并不是由生物性决定的，而是既定文化下的产物。而且，家庭环境也不是唯一引起竞争的因素，竞争性刺激从生到死贯穿了人的一生。

个体之间的潜在敌意导致了永久性的恐惧——害怕来自他人的潜在的敌意，并因为害怕遭到别人的报复而加强。在正常个人生活中，另一种恐惧的来源就是害怕遭遇失败。对失败的恐惧是很现实的，因为总的来说，失败的可能性比成功还要大。因为在竞争性社会中，失败包含着现实的需求不能得到满足。它们不仅指经济上的不稳定性，还意味着会失去威望，遭遇各种情感挫折。

成功令人如此神往的另外一个原因就是它对于自尊心的影响。别人依照成功的程度对我们做出评价，不管我们是否愿意遵循这样的模式来评估自己。根据现存的意识形态，成功是由我们内在的特质所决定，或者用宗教的观点来说，是上帝恩宠的结果。事实上，成功取决于很多我们无法控制的因素，例如偶然的幸运以及狂妄的举止。然而，在现有意识形态的压力之下，即使是最正常的人也会感觉到当获得成功的时候自己具有一定的价值，如果失败了，就会觉得自己一无是处。不用多说，这反映了建立我们自尊心的基础是摇摇欲坠的。

所有这些因素加在一起——竞争性、同伴之间的潜在敌意、恐惧、逐渐递减的自尊心，最终导致了个人在心里觉得自己是孤立的。即使他与很多人都有来往，即使他快乐地结婚了，他在情感上仍然是孤独的。情感上的孤独对人们来说是很难忍受的，如果和自身的彷徨与不自信相吻合，就会演变成一场灾难。

正是在这样一种情况下，我们这个时代的正常人的嫉妒需要爱作为治疗的解药。获得关爱让他觉得自己不再孤单，不再被敌意威胁，不再不自信。由于它符合生命的需要，所以爱在我们的文化中被人过高地评估了。像成功一样，它变成了一种幻想，一种被人们认为能够解决所有问题的幻觉。爱本身并不是一种幻觉——尽管它在我们的文化中经常表现为满足与爱毫无关系的愿望。由于我们期望的比实际能够实现的多得多，所以就形成了一种幻觉。我们的意识形态对爱有特别的强调，这就掩盖了产生过分夸张的爱的需要的种种因素。因此个体（我指的仍然是正常人）就处在一方面需要大量的爱另一方面却很难得到爱的两难困境中。

这种情况到目前为止为神经官能症的发展提供了肥沃的土壤。同样的文化因素也会影响正常人，使他们的自尊心开始动摇，产生潜在的敌意、忧虑、担心，产生包含恐惧和敌意的竞争，加强了对美满的人际关系的需要。这在很大程度上影响了神经官能症患者，并且在他们身上同样的结果会被强化，表现为处于崩溃边缘的自尊心、破坏性、焦虑、包含焦虑和冲动的破坏性竞争、对爱的过度需要。

当我们意识到每个神经官能症患者身上都存在着相互矛盾的倾向，使得他们无法进行协调时，人们会产生这样的疑问，难道我们的文化中就不存在同样的矛盾？哪些是典型的神经官能症冲突？对于描述文化冲突的问题可能是社会学家的工作了。对我来说简要提出如下所述的这些主要冲突倾向就足够了。

首先要提到的冲突，就是以竞争和成功为一方，以友爱和谦虚为另一方，这两者之间的冲突。一方面，我们所做过的每一件事情都会让我们离成功更近一步，这意味着我们不仅要自信，而且还要有一定的进攻性，将其他人推到一边，自己一往无前。另一方面，我们又深深受基督教观念的影响，觉得为自己争取一些事情是很自私的行为，我们应该谦卑、容忍和屈服。对于这种矛盾，在正常范围内有两种解决方法：认真对待其中一种追求，放弃其他追求；或者对于两种追求都采取认真的态度，结果个体在这两个方向都会受到严重的抑制。

第二种矛盾就是自身需求的刺激与满足这些需求时所遭受的挫折。出于经济方面的原因，在我们文化背景下，需求经常会通过广告等方式被激发，例如“炫耀性消费”、“攀比式消费”。然而，对于绝大多数人来说，这些需要的实际满足都被严格限制了。对于个体来说，造成的结果就是在愿望与实际实现能力之间总是出现一定偏差。

另外一种矛盾存在于个体所谓的自由与实际局限性中。社会总是告诉我们每一个人都是自由的、独立的，我们能根据自己的意愿决定自己的生活。“生活的伟大游戏”总是向他敞开，只要他精力充沛且足够优秀，他总是能够得到自己想要的任何东西。但事实上，对于大多数人而言，所有这些可能性都是有局限性的。人们开玩笑说的无法选择父母这件事可以延伸到一般生活中——选择和成就一项事业，选择娱乐方式，选择自己的伴侣。个人一方面感觉自己在决定自己命运时有着无穷的力量，另一方面又感觉到自己对此完全无能为力。

存在于我们文化中的这些冲突正是神经官能症患者想要逃避的冲突：具有进攻性的倾向和屈服的倾向；过度需要与害怕自己一无所有的恐惧；自我吹嘘与个人无助感之间的冲突。他们和正常人之间的唯一冲突就是程度上的差别。尽管正常人在不损害自身人格的情况下能够处理这些困难，但是对于神经官能症患者来说，所有的冲突都会被强化到一定程度，以致不可能有任何令人满意的解决方式。

看起来那些会成为神经官能症患者的人正在以一种过分强调的方式经历着一些困难，而这些苦难是由文化所决定的，并受童年经历的影响。这些人无法解决这些困难，或者即使成功解决了也要冒着失去自身人格的代价。我们不妨说神经官能症患者是我们这个时代文化的副产物。